本书系山东省自然科学基金资助项目"私人资本与公私合营项目的宏微观机制研究"（项目编号：ZR2021QG068）的阶段性研究成果

"一带一路"沿线国家PPP项目效率研究

吴玉轩　赵红梅　著

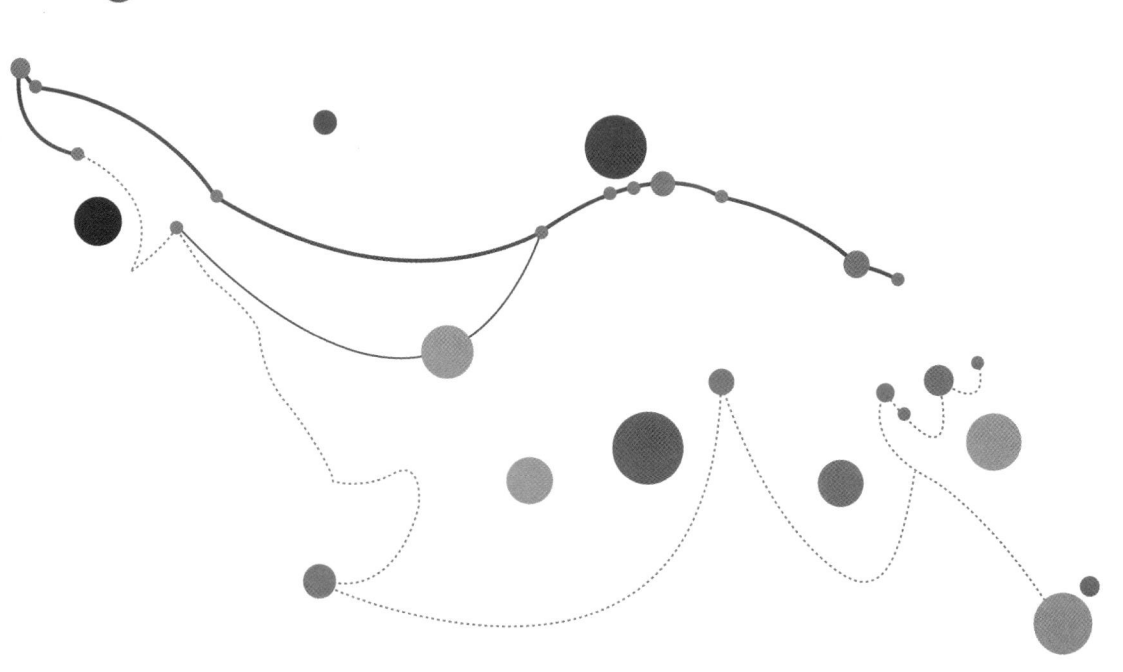

中国社会科学出版社

图书在版编目（CIP）数据

"一带一路"沿线国家 PPP 项目效率研究/吴玉轩，赵红梅著. —北京：中国社会科学出版社，2023.2
ISBN 978-7-5227-1329-8

Ⅰ.①一⋯　Ⅱ.①吴⋯②赵⋯　Ⅲ.①"一带一路"—政府投资—合作—社会资本—研究　Ⅳ.①F830.59②F014.391

中国国家版本馆 CIP 数据核字（2023）第 022342 号

出版人	赵剑英
责任编辑	戴玉龙
责任校对	周晓东
责任印制	王　超
出　版	中国社会科学出版社
社　址	北京鼓楼西大街甲 158 号
邮　编	100720
网　址	http://www.csspw.cn
发行部	010-84083685
门市部	010-84029450
经　销	新华书店及其他书店
印　刷	北京明恒达印务有限公司
装　订	廊坊市广阳区广增装订厂
版　次	2023 年 2 月第 1 版
印　次	2023 年 2 月第 1 次印刷
开　本	710×1000　1/16
印　张	11.25
插　页	2
字　数	201 千字
定　价	98.00 元

凡购买中国社会科学出版社图书，如有质量问题请与本社营销中心联系调换
电话：010-84083683
版权所有　侵权必究

摘 要

PPP（Public Private Partnership，公私合营）作为一种私人资本参与公共项目的模式，起源于18世纪欧洲公路的收费计划，国外学术界的研究较多，国内学术界的研究相对较少。"一带一路"建设是我国深化改革开放的重要举措，如何利用PPP模式解决"一带一路"推进过程中公共基础设施建设的效率问题亟待解决。这一问题的有效解决能够改善我国在PPP项目上的资源配置效率，完善私人资本的公共项目参与机制，优化产能结构，真正走出一条和平之路、繁荣之路、开放之路、绿色之路、创新之路、文明之路。

目前国内外学术界对PPP效率的研究较为分散，尚未形成完整体系。不过，总的来看，可以分为基于微观层面的PPP效率分析和基于宏观层面的PPP效率分析。前者主要包括：（1）PPP模式与传统政府采购的效率比较研究；（2）PPP效率与私人参与度（参与比例）的研究；（3）PPP效率与融资方式的研究；（4）PPP效率的物有所值研究。而后者主要包括PPP项目的风险配置研究与PPP项目的风险类型研究两部分。

本书将"一带一路"45个沿线国家的PPP项目作为研究对象，以PPP项目的效率作为切入点展开分析。基于1990—2018年世界银行PPI数据库，本书将按照"宏观概括—微观分析—宏观测算—微观阐述"的逻辑顺序对"一带一路"沿线国家PPP项目的效率进行研究。

本书首先总结了国内外学者在PPP效率领域的研究现状，并梳理了PPP模式相关的概念与理论；本书第三章分析了"一带一路"沿线国家PPP项目的发展现状与特征（宏观概括）；在第四章，基于

"委托—代理"模型比较了PPP模式与传统政府采购的效率问题，认为"捆绑"效应是PPP模式效率优于传统采购的重要因素，并利用"一带一路"沿线国家的PPP项目数据，通过建立Probit模型验证了该效应（微观分析）。

本书的第五章基于DEA-Malmquist指数，从行业、区域及国家层面对"一带一路"PPP项目的效率进行了测算（宏观测算），测算结果表明：（1）"一带一路"沿线国家行业整体效率在提升，这主要是纯技术效率水平改善的结果；（2）东亚与欧洲地区在全行业实现了效率的增长；（3）在研究的"一带一路"36个沿线国家中，2008—2018年有60%的国家实现了效率增长，30%的国家出现了效率下降，10%的国家保持效率不变，其中，四个"领头羊"国家（中国、印度、俄罗斯与土耳其）的PPP效率均呈现上升趋势。同时，基于测算得到的DEA-Malmquist指数，通过对36个"一带一路"沿线国家2008—2018年的能源PPP数据建立面板Tobit模型研究了私人投资与PPP效率的问题。

本书的第六章基于"融资约束"效应与"知识转移"效应这两大微观机制研究了PPP效率与私人最优参与度问题（微观阐述）。Tobit模型的回归结果表明，在能源与交通运输行业私人参与度与PPP项目成本存在显著的U形关系特征，且存在最优的私人参与比例；SFA模型的回归结果表明，能源与交通运输业均存在显著的"融资约束"效应与"知识转移"效应，且前者高于后者。

本书的第七章总结了研究内容与研究结论，并结合"一带一路"沿线国家PPP项目目前面临的风险与挑战，给出了相应的政策建议。

目　录

第一章　引言与文献综述 ………………………………………… 1

　　第一节　引言 ……………………………………………………… 1
　　第二节　文献综述：微观层面的 PPP 效率研究 ……………… 5
　　第三节　文献综述：宏观层面的 PPP 效率研究 ……………… 19
　　第四节　本章小结 ……………………………………………… 24

第二章　PPP 的相关概念与理论 ………………………………… 25

　　第一节　PPP 的起源与内涵 …………………………………… 25
　　第二节　公共产品供给理论 …………………………………… 33
　　第三节　不完全契约理论 ……………………………………… 36
　　第四节　新公共管理理论 ……………………………………… 41
　　第五节　本章小结 ……………………………………………… 44

第三章　"一带一路"沿线国家 PPP 项目的发展现状和特征 …… 45

　　第一节　"一带一路"沿线国家 PPP 项目的发展现状 ………… 45
　　第二节　"一带一路"沿线国家 PPP 项目的特征 ……………… 50
　　第三节　"一带一路"沿线国家 PPP 项目存在的问题 ………… 59
　　第四节　本章小结 ……………………………………………… 62

第四章　PPP 与传统采购效率的比较：基于捆绑效应的微观机制研究 ………………………………………………… 63

　　第一节　基于捆绑效应的"委托—代理"模型 ………………… 64

第二节　基于"一带一路"沿线国家 PPP 项目的
　　　　实证研究 ………………………………………… 70
第三节　本章小结 ………………………………………… 84

第五章　PPP 效率的宏观研究
　　　　——基于 DEA-Malmquist 指数的视角 ………… 85

第一节　DEA-Malmquist 指数的介绍 ………………… 87
第二节　"一带一路"沿线国家 PPP 效率的 DEA-Malmquist
　　　　指数测算 ………………………………………… 89
第三节　"一带一路"沿线国家 PPP 效率与私人投资：
　　　　一个基于面板 Tobit 模型的宏观分析 ………… 102
第四节　本章小结 ………………………………………… 117

第六章　PPP 效率与最优私人参与度的微观机制研究 …… 119

第一节　基准模型 ………………………………………… 120
第二节　扩展模型：增长型支出结构下的最优
　　　　私人参与度模型 ………………………………… 124
第三节　衰减型支出结构下的最优私人参与度模型 …… 128
第四节　最优私人参与度模型的数值模拟 …………… 131
第五节　最优私人参与度模型的实证研究 …………… 133
第六节　本章小结 ………………………………………… 150

第七章　本书的研究结论与 PPP 项目的发展前景展望 …… 152

第一节　本书的研究内容与研究结论 ………………… 152
第二节　"一带一路"沿线国家 PPP 项目的发展
　　　　前景展望 ………………………………………… 155
第三节　本章小结 ………………………………………… 162

参考文献 ………………………………………………… 163

第一章 引言与文献综述

第一节 引言

一 研究背景

习近平主席 2013 年 9 月在哈萨克斯坦提出共建"丝绸之路经济带",同年 10 月在印度尼西亚提出共同打造"21 世纪海上丝绸之路",由此形成"一带一路"倡议,成为推动亚欧非新型区域合作的国家倡议。[①]"一带一路"涉及亚、欧、非等 65 个国家或地区,其中包括 49 个发展中国家,2018 年 GDP 总量 27.4 万亿美元,人口规模达 47 亿,占全球比重分别为 32%、62%,显示出巨大的市场规模潜力。[②] 从"一带一路"倡议的参与国来看,目前已有 100 多个国家和国际组织宣布支持"一带一路"倡议,134 个国家和国际组织与中国签署合作协议。[③] "一带一路"旨在通过加强"五通"(政策沟通、设施联通、贸易畅通、资金融通、民心相通),逐步形成区域大合作的格局。

"一带一路"倡议自提出以来,取得了显著的发展与进步,截至

[①] 刘卫东:《"一带一路"战略的科学内涵与科学问题》,《地理科学进展》2015 年第 5 期。

[②] 文中数据系笔者根据国研网(http://www.drcnet.com.cn/www/int/)及世界银行数据库(https://data.worldbank.org.cn/)数据计算得到。

[③] 参见中国"一带一路"网《中国已与 105 个国家签署 123 份"一带一路"合作文件》,2018 年 9 月 8 日,https://www.yidaiyilu.gov.cn/xwzx/gnxw/66324.html,2019 年 9 月 20 日。

2018年8月,中国在"一带一路"沿线国家建设境外经贸合作区共82个,累计投资289亿美元,为当地创造24.4万个就业岗位。[①] 2015年3月,中国正式公布《推动共建丝绸之路经济带和21世纪海上丝绸之路的愿景与行动》,标志着"一带一路"建设开始进入具体实施阶段。[②]

在"一带一路"的实施过程中,解决基础设施建设领域巨大的资金缺口问题摆上了日程。根据亚洲开发银行(Asian Development Bank)的估计,2016—2030年亚洲区域的基础设施领域的资金缺口就高达26.2万亿美元,约合每年1.7万亿美元的资金缺口,仅靠亚洲开发银行、亚洲基础设施银行及发达国家ODA(Official Development Assistance,政府发展援助)等传统国际组织机构提供的贷款无法满足基础设施建设的资金需求,需要扩宽基础设施建设的融资渠道。[③]

PPP(Public Private Partnership,公私合营)作为一种撬动社会资本参与收益性公共设施投资与运营的市场化机制,最早可以追溯到18世纪欧洲公路收费计划,是对传统的公共服务供给方式的有效替代,现已成为各国普遍采用的多主体联合提供公共产品与服务的重要方式。[④] PPP模式是解决基础设施建设融资缺口的有效手段与途径,将成为推动"一带一路"沿线国家基础设施建设的首选,有利于创新沿线国家政府机制、提升基础设施建设质量。[⑤]

---

① 参见人民网《商务部:"一带一路"经贸合作取得五大成效》,2018年8月28日,http://finance.people.com.cn/n1/2018/0828/c1004-30254601.html,2019年9月20日。

② 参见新华网《授权发布:推动共建丝绸之路经济带和21世纪海上丝绸之路的愿景与行动》,2015年3月28日,http://www.xinhuanet.com/world/2015-03/28/c_1114793986.htm,2019年11月20日。

③ Asian Development Bank, *Asian Development Outlook (ADO) 2017 Update: Sustaining Development Through Public-Private Partnership*, Asian Development Bank FLS179053-3, September 4, 2017.

④ 赵景华、陈新明:《"一带一路"沿线国家PPP投资现状、经验及对我国的借鉴启示》,《国际贸易》2017年第9期。

⑤ 赵蜀蓉、杨科科、龙林岸:《"一带一路"基础设施建设中PPP模式面临的风险与对策研究》,《中国行政管理》2018年第11期。

二 PPP 模式的研究现状

国内外学者对于 PPP 的研究主要集中在 PPP 模式的效率研究与 PPP 模式在政府宏观政策中的应用研究两大领域。[1][2][3][4][5][6][7]

从 PPP 模式的效率研究内容来看，可以从微观与宏观两个层面展开。微观层面的研究主要包括：(1) PPP 模式与传统政府采购的效率比较研究；(2) PPP 效率与私人参与度（参与比例）的研究；(3) PPP 效率与融资方式的研究；(4) PPP 项目的物有所值评估研究。宏观层面的研究主要包括：(1) PPP 项目的风险配置研究；(2) PPP 项目的风险类型研究。从 PPP 模式在政府宏观政策中的应用研究来看，主要包括财政预算及债务问题、财政政策建议、政府治理研究等方面。考虑到数据的可得性与模型的简洁性，同时兼顾研究内容的时代性与创新性，本书以 PPP 模式的效率研究为主。

在 PPP 模式的效率研究方面，国内学者的研究较少，多数是基于不完全契约的微观层面的理论研究，比较 PPP 模式与传统政府购买的效率问题。赖丹馨和费方域[8]基于 PPP 的特征，率先从契约的特性、风险配置、规制设计及实施等三个方面总结了 PPP 效率机制的研究现状，认为 PPP 作为解决公共物品供给的一种市场机制，能够促进民营

---

[1] Spackman M., "Public-Private Partnerships: Lessons From the British Approach", *Economic Systems*, Vol. 26, No. 3, 2002, pp. 283–301.

[2] Hart O., "Incomplete Contracts and Public Ownership: Remarks, and an Application to Public-private Partnerships", *The Economic Journal*, 2003, Vol. 113, No. 486, 2003, pp. C69–C76.

[3] Maskin E., Tirole J., "Public-Private Partnerships and Government Spending Limits", *International Journal of Industrial Organization*, 26 (2), Vol. 26, No. 2, 2008, pp. 412–420.

[4] Martimort D., Pouyet J., "To Build or Not to Build: Normative and Positive Theories of Public-private Partnerships", *International Journal of Industrial Organization*, Vol. 26, No. 2, 2008, pp. 393–411.

[5] 张喆、贾明、万迪昉：《不完全契约及关系契约视角下的 PPP 最优控制权配置探讨》，《外国经济与管理》2007 年第 8 期。

[6] 刘穷志、芦越：《制度质量、经济环境与 PPP 项目的效率——以中国的水务基础设施 PPP 项目为例》，《经济与管理》2016 年第 6 期。

[7] 罗煜、王芳、陈熙：《制度质量和国际金融机构如何影响 PPP 项目的成效——基于"一带一路" 46 国经验数据的研究》，《金融研究》2017 年第 4 期。

[8] 赖丹馨、费方域：《公私合作制（PPP）的效率：一个综述》，《经济学家》2010 年第 7 期。

部门的管理效率及金融资源的有效利用,PPP 能够实现公共服务供给效率的关键在于合约及规制设计。PPP 具有不同于一般的杂合组织的特征:一方面,PPP 的效率主要体现为社会福利,政府通常以物超所值(value for money)为目标;另一方面,在不完全契约的条件下,PPP 效率具有不确定性。此外,还有部分文献考虑了不完全契约条件下剩余控制权的配置对于 PPP 项目效率的影响。[1]

从实证研究看,主要包括 PPP 效率与私人参与度及 PPP 效率与融资方式两方面的研究。从前一方面来看,邓忠奇和陈甬军[2]指出,私人参与 PPP 项目存在最优的私人参与度,这种特征是通过融资约束效应与知识转移效应实现的,并通过理论与实证证明了上述效应;从后一方面来看,罗煜等[3]基于"一带一路"46 个沿线国家 2002—2013 年的 PPP 数据研究了被投资国的制度质量与国际金融机构的参与对 PPP 项目成效的影响,并通过实证验证了"制度质量通过影响私人部门的风险承担程度"这一渠道影响 PPP 项目的成败。该研究系国内首次尝试将 PPP 的风险分担特征作为解释变量加入实证研究中,并讨论制度质量对于 PPP 项目成败的影响机制。此外,时秀梅、孙梁[4]和刘浩等[5]同样讨论了"一带一路"沿线国家 PPP 项目成效的决定因素,但是均未讨论具体的作用机制,也没有突出 PPP 的特征属性,是稍显欠缺的。

"一带一路"倡议自提出以来,学术界对于"一带一路"的研究呈现井喷的态势。[6] 然而,现有的对于"一带一路"的研究仍处于前

---

[1] 张喆、贾明、万迪昉:《PPP 背景下控制权配置及其对合作效率影响的模型研究》,《管理工程学学报》2009 年第 3 期。

[2] 邓忠奇、陈甬军:《"一带一路"背景下融资方公私合营模式的资本结构分析》,《产业经济研究》2018 年第 3 期。

[3] 罗煜、王芳、陈熙:《制度质量和国际金融机构如何影响 PPP 项目的成效——基于"一带一路"46 国经验数据的研究》,《金融研究》2017 年第 4 期。

[4] 时秀梅、孙梁:《"一带一路"中私人部门参与 PPP 项目的影响因素研究》,《财经问题研究》2017 年第 5 期。

[5] 刘浩、陈世金、陈超凡:《"一带一路"沿线国家基础设施 PPP 项目成效分析》,《国家行政学院学报》2018 年第 5 期。

[6] 安晓明:《我国"一带一路"研究脉络与进展》,《区域经济评论》2016 年第 2 期。

期探索阶段，未能形成系统的研究框架，呈现出主题多样化、分散化及研究分支分化的特点。国内学者对于"一带一路"沿线国家 PPP 项目的效率研究尚处于开始阶段。

作为解决"一带一路"基础设施建设巨大资金缺口的重要模式，PPP 模式本身具备丰富的理论性与实践性，现阶段对于 PPP 效率的研究是不足的，是不利于实现 PPP 项目资源的有效配置的，是落后于我国的 PPP 实践的。①

按照"宏观概括—微观分析—宏观测算—微观阐述"的思路，本书将分别从"一带一路"沿线国家 PPP 项目的发展现状与特征、基于"捆绑"效应的 PPP 模式与政府采购的效率比较、基于 DEA-Malmquist 指数的 PPP 效率的宏观研究、PPP 效率与私人最优参与度的微观机制研究等四个方面对"一带一路"沿线国家 PPP 项目的效率进行较为细致而深入的研究，并提出相应的政策建议，助力"一带一路"的发展。本书紧扣"一带一路"这一研究热点，以基础设施融资缺口的解决方式为切入点，将"一带一路"沿线国家 PPP 项目的效率问题作为研究主题，以其中 45 个发展中国家的 PPP 项目作为研究对象，有较强的时代意义与现实意义。

第二节 文献综述：微观层面的 PPP 效率研究

本节将从微观层面，分四个方面展开文献综述。（1）PPP 模式与传统政府采购的效率比较研究；（2）PPP 效率与私人参与度（参与比例）的研究；（3）PPP 效率与融资方式的研究；（4）PPP 效率的物有所值研究。

一 PPP 模式与传统政府采购效率的比较研究

国内外对于 PPP 模式与传统政府采购的比较研究主要从两方面展

---

① 我国早在 20 世纪 80 年代就开始了 PPP 项目的尝试，1985 年，由深圳电力开发公司与香港合和电力有限公司合营的深圳沙角 B 电厂是我国第一个 BOT（Build-Operate-Transfer，建设—运营—转移）项目。

开：一是基于不完全契约理论，从剩余控制权的配置这一角度研究公共产品的生产边界问题（究竟是由公共部门生产还是由私人部门生产），比较 PPP 模式与传统政府采购的效率问题；二是从 PPP 模式的"捆绑"效应入手分析研究 PPP 模式的效率优势。下面将从以上两个方面展开论述。

（一）基于剩余控制权的公共产品生产边界研究

Grossman[①]、Hart[②] 率先从剩余控制权入手研究了私人部门之间生产私人物品的控制权配置问题，他们认为，由于契约的不完全性，除了一些能够事先规定的具体权利之外，还存在事前无法规定的剩余权利，也就是所谓的"剩余控制权"。

在不完全契约条件下，由于所有权是控制权的基础，因而所有权与控制权的配置具有一致性，均衡状态下的所有权结构应该是能够产生最大的社会剩余的所有权结构，并且主张由提供重要投资的一方拥有所有权。值得注意的是，Grossman、Hart 的理论考虑的是私人部门生产私人产品时双方投资重要程度与最优控制权的配置问题，这与 PPP 的公私合作特征存在一定的差异。Hart、Shleifer and Vishny[③] 基于不完全契约理论构建了"质量—成本"投资模型，率先讨论了公共产品与服务在何种情况下由公共部门提供，何种情况下承包给私人部门，即所谓的"公共部门供给的边界"问题。模型表明，在不完全契约的情形下，私人部门比公共部门有更强的质量提升及成本削减的投资动机，但是，鉴于质量的不可签约性，私人部门的成本削减动机过强导致成本削减型投资的数量偏离社会最优水平，造成效率损失，因而，当产品和服务的成本的降低对质量的不良影响可以控制时，公共产品及服务应由私人部门提供，反之，应由公共部门提供。HSV 模型

---

① Grossman S. J., Hart O. D., "The Costs and Benefits of Ownership: A Theory of Vertical and Lateral Integration", *Journal of Political Economy*, Vol. 94, No. 4, 1986, pp. 691–719.

② Hart O., Moore J., "Property Rights and the Nature of the Firm", *Journal of Political Economy*, Vol. 98, No. 6, 1990, pp. 1119–1158.

③ Hart O., Shleifer A., Vishny R. W., "The Proper Scope of Government: Theory and an Application to Prisons", *The Quarterly Journal of Economics*, Vol. 112, No. 4, 1997, pp. 1127–1161.

认为合作方的类型（公共部门与私人部门）对于控制权的配置会产生影响，但是并未分析生产产品的属性（公共产品还是私人产品）对于控制权配置的影响。

在此基础上，Besley 和 Ghatak[①]从投资契约不完全性的角度研究了公共物品的最优供给问题，由于投资契约的不完全性，公共部门与私人部门在为能够给他们带来收益的公共项目进行投资时，会发生"敲竹杠"（hold-up inefficiency）问题，导致投资不足。为使投资的净剩余最大化，他们认为应该将控制权给予对产品价值判断较高的一方拥有。Besley 和 Ghatak 同时考虑了合作方的不同类型及产品的类型对于控制权的影响，认为控制权的配置不是由投资的重要性决定的，而是由双方的项目评价决定的。然而，Besley 和 Ghatak 未考虑准公共产品生产的控制权配置问题。

Francesconi 和 Muthoo[②]基于不完全契约理论，考察了私人部门与公共部门生产准公共产品的控制权配置问题，由于契约的不完全性，因而合作的过程中会存在"敲竹杠"问题，最优的控制权配置取决于产品的公共化程度、投资的重要性及双方对产品价值的评价。模型表明，当产品的公共化程度较低时，控制权应该全部分配给主要的投资者，而不用考虑双方的产品评价；而当产品的公共化程度较高时，产品控制权应全部分配给对产品评价较高的一方，而不用考虑投资的重要性。

国内学者主要研究了控制权配置与 PPP 效率的关系。张喆等[③]在已有的 PPP 研究的基础上，从不完全契约角度出发，强调了 PPP 的契约本质，指出控制权的最优配置是影响 PPP 效率的关键，并提出从不完全契约及关系契约两个角度研究 PPP 控制权最优配置的思路。同

---

① Besley T. J., Ghatak M., "Government Versus Private Ownership Of Public Goods", *Quarterly Journal of Economics*, Vol. 116, No. 4, 2001, pp. 1343–1372.

② Francesconi M., Muthoo A., "Control Rights in Public-Private Partnerships", *Social Science Electronic Publishing*, Vol. 2, No. 1, 2006, pp. 26–27.

③ 张喆、贾明、万迪昉：《不完全契约及关系契约视角下的 PPP 最优控制权配置探讨》，《外国经济与管理》2007 年第 8 期。

时，张喆等[①]认为合作方特征、产品的公共化程度是PPP区别于其他传统模式的主要特点，从不完全契约的角度出发，认为控制权的配置是影响PPP效率的关键。通过构建包含合作双方共同投入、产品为公共品情况下的控制权分配连续性及中国PPP的政府主导性三个特征的模型，分析PPP合作中的控制权配置与合作效率的关系。模型表明，存在自利性投入的情形下，根据不同的参数对公共部门赋予不同程度的控制权份额是提高PPP合作效率的关键，适当的政府引导能够进一步提高合作效率。张喆和贾明[②]结合不完全契约理论与经济实验研究的方法，研究了企业与非营利组织合作过程中，控制权配置对于合作效率的影响。模型与实验表明，控制权配置会影响企业与非营利组织的投入，同时，过度的行政命令式控制权分配会损失合作效率。合理的控制权配置能够通过以下两个渠道来提升PPP的合作效率：（1）影响企业的投入，并能满足企业的激励相容条件；（2）非营利组织的投入。

（二）PPP的"捆绑"效应研究

传统的政府对公共基础设施产品的供给，通常通过签订合约，将项目的建设与运营分别交给不同的机构进行，与之不同的是，PPP合约通过将公共基础设施建设项目的建设与运营任务进行"捆绑"（binding），统一交由SPV（Special Purpose Vehicle，特殊目的公司）来负责。

无论是HSV[③]还是Besley和Ghatak[④]都没有将"捆绑"特征纳入

[①] 张喆、贾明、万迪昉：《PPP背景下控制权配置及其对合作效率影响的模型研究》，《管理工程学学报》2009年第3期。

[②] 张喆、贾明：《PPPs合作中控制权配置实验》，《系统管理学报》2012年第2期。

[③] Hart O., Shleifer A., Vishny R. W., "The Proper Scope of Government: Theory and an Application to Prisons", The Quarterly Journal of Economics, Vol. 112, No. 4, 1997, pp. 1127 – 1161.

[④] Besley T. J., Ghatak M., "Government Versus Private Ownership Of Public Goods", Quarterly Journal of Economics, Vol. 116, No. 4, 2001, pp. 1343 – 1372.

模型的分析中，因而对 PPP 的效率分析是不完整的。Hart[1] 在 HSV 模型基础上，在不完全契约范畴内率先创立了 PPP 效率分析的基本框架。Hart 从公共产品建设投资的不完全性出发，探讨了将 PPP 视为建设和运营进行"捆绑"（binding）私有化与传统的政府供给的权衡问题，模型表明，当建设阶段的质量难以通过初始合约签订，而运营服务阶段的质量可签订的情况下，PPP 优于传统的政府供给（尽管此时非生产性投资仍然过多[2]），反之，若建设阶段的质量可签订而服务阶段的质量难以签订，那么传统的"分离式"供给优于 PPP（尽管此时的生产性投资仍然是过少的）。[3] Hart 假定投资是难以记录（nonverifiable）的，因而不存在重新谈判问题，同时未考虑公共基础设施的最终所有权问题。

　　Bennett 和 Iossa[4] 在不完全契约模型中引入了阶段外部性的概念，即建设阶段的行动会影响项目的运营阶段，或者建设（运营）阶段的行动会影响服务质量。当外部性为正时，"捆绑"模式是最优的，此时可以将外部性内在化。因此，PPP 合同有助于私人联合体在不同的阶段进行协同创新。Martimort[5] 构建了涵盖传统代理人问题与产权理论的模型，在综合已有研究的基础上分别讨论了当绩效可度量（完全契约情形）及无法度量（不完全契约情形）的环境下 PPP 的效率，结果表明阶段正外部性在这两种情况下都会促进 PPP 的效率。Iossa 和 Martimort[6] 认为，当阶段外部性为正时，"捆绑"特性会迫使承包

---

[1] Hart O., "Incomplete Contracts and Public Ownership: Remarks, and an Application to Public‑private Partnerships", *The Economic Journal*, 2003, Vol.113, No.486, 2003, pp. C69–C76.

[2] 非生产性投资：在减少成本的同时，产品（服务）的质量也同时下降。

[3] 生产性投资：在减少成本的同时，产品（服务）的质量上升。

[4] Bennett J., Iossa E., "Building and Managing Facilities for Public Services", *Journal of Public Economics*, Vol. 90, No. 10–11, 2006, pp. 2143–2160.

[5] Martimort D., Pouyet J., "To Build or Not to Build: Normative and Positive Theories of Public‑private Partnerships", International Journal of Industrial Organization, Vol. 26, No. 2, 2008, pp. 393–411.

[6] Iossa E., Martimort D., "The Simple Microeconomics of Public‑Private Partnerships", *Journal of Public Economic Theory*, Vol. 17, No. 1, 2015, pp. 4–48.

商用长期的眼光来看资产的表现,也就是所谓的"全生命周期管理",这样会激励厂商进行资产质量的投资。同时,当满足以下条件时,PPP 更有优势。(1)公共设施的质量提升能显著降低成本;(2)公共设施的质量显著影响服务及服务需求质量;(3)服务需求稳定且易于预测时。此外,Iossa 和 Martimort[1]分析了建设与运营阶段之间存在生产率冲击时"捆绑"效应的成本与收益问题,他们认为,当信息不对称及运营风险较大时,传统的供给方式会使企业获得更大的优势,反之,面对生产率冲击,信息对称时 PPP 具有优势。

(三)其他方面的研究

此外,还有学者从委托代理理论出发比较了 PPP 与传统的政府采购的效率问题。Bentz 等[2]以委托代理理论为基础,认为在建设阶段的质量提升型投资(公共产品质量取决于投资水平)是建设者的私人信息,因而存在道德风险问题,同时,在运营阶段,运营成本是服务提供者的私人信息,因而公共服务的提供者往往会有获取信息租金的动机,而不揭示真正的服务运营成本,产生逆向选择问题。为使私人联合体提供最优的资产(产品),应使建设阶段的质量投资成本尽可能低。当质量提升型投资成本较低且一次性安装服务成本较低时,PPP 优于传统的政府购买策略。Hoppe 和 Schmitz[3]在 Hart 的基础上,基于委托代理模型,认为传统政府购买与 PPP 的差异在于两种激励——创新激励与关于未来成本的信息收集激励,其中后一种激励来自于随不同情形不断调整的服务供给,两种模式的选择取决于信息收集成本与创新的成本,以及两者的可契约程度。

赖丹馨和费方域[4]基于不完全契约框架分析了公共基础设施供给

---

[1] Iossa E., Martimort D., "Risk Allocation and the Costs and Benefits of Public-private Partnerships", *The RAND Journal of Economics*, Vol. 43, No. 3, 2012, pp. 442-474.

[2] Bentz A., Grout P., Halonen M., *What Should Governments Buy from the Private Sector—Assets or Services?*, University of Bristol, April, 2005.

[3] Hoppe E. I., Schmitz P. W., "Public-Private Partnerships Versus Traditional Procurement: Innovation Incentives and Information Gathering", *The RAND Journal of Economics*, Vol. 44, No. 1, 2013, pp. 56-74.

[4] 赖丹馨、费方域:《不完全合同框架下公私合作制的创新激励——基于公共服务供给的社会福利创新条件分析》,《财经研究》2009 年第 8 期。

中 PPP 模式增强建设与运营阶段激励的条件，认为建设创新对运营收益的外部性、公私部门的创新能力对比、创新的经济价值与社会价值的一致性是影响 PPP 模式激励的重要因素。姚东旻和李军林[1]从理论与实践的层面比较了 PPP 与传统模式的效率差别，认为只有当满足正外部性及设施所有权归属等条件时，PPP 模式才会比传统模式更有效率。从实践来看，要结合公共服务的特质来进行效率的比较。吉富星[2]基于全生命周期视角，分别构建了基于 HSV、现金流贴现模型分析了我国近年来 PPP 项目效率低下的问题，模型认为 PPP 的不完全契约特性导致了效率的不确定性，政府应根据项目的特征及参与主体的行为进行机制设计来提升契约的完备性，通过建立合理的风险分担、激励机制，来实现效率的改进。

二　PPP 效率与私人参与度的研究

私人参与投融资既是 PPP 的显著特征，又是影响其效率的重要因素。[3] 对于公共产品的生产，从政府的角度来看，私人融资一方面可以减轻政府的预算约束。Spackman[4] 通过对英国推行 PPP 经验的总结，认为"意识形态与审计"是 PPP 的最主要驱动因素，私人部门资金的引入能够有效缓解政府的预算约束，但同时，Maskin 和 Tirole[5] 认为 PPP 合约的普及与其说是合约固有的优点使然，不如说是政府试图将债务从资产负债表中剥离的尝试。传统意义上来看，公共项目的融资成本低于私人融资项目的成本是因为与私人部门相比，政府可以

---

[1]　姚东旻、李军林：《条件满足下的效率差异：PPP 模式与传统模式比较》，《改革》2015 年第 2 期。

[2]　吉富星：《不完全契约框架下 PPP 项目效率困境与规范创新研究》，《当代财经》2018 年第 4 期。

[3]　赖丹馨、费方域：《公私合作制（PPP）的效率：一个综述》，《经济学家》2010 年第 7 期。

[4]　Spackman M., "Public-Private Partnerships: Lessons From the British Approach", Economic Systems, Vol. 26, No. 3, 2002, pp. 283-301.

[5]　Maskin E., Tirole J., "Public-Private Partnerships and Government Spending Limits", International Journal of Industrial Organization, 26 (2), Vol. 26, No. 2, 2008, pp. 412-420.

通过税收基础实现更好地风险共担。[①] 另一方面，Deng 等[②]认为，私人部门的参与会产生"知识转移"效应，提升项目的管理水平。

有效资本结构理论认为，PPP 项目的最优成本（最高效率）可以通过调整 PPP 项目中私人与公共部门的融资比例来实现，该比例取决于私人融资效应。Moszoro 和 Gasiorowski[③] 率先通过模型分析了 PPP 中的资本结构的效率问题。他们认为私人的管理技能与知识转移能力是 PPP 模式在投资项目中受到支持的重要原因，并讨论了不同的管理技能与知识转移机制如何决定最优的 PPP 资本份额。在 Moszoro 和 Gasiorowski 的基础上，Moszoro[④] 基于"公私混合（PPP）资本结构"模型分析了公共基础设施建设运营中的有效资本结构的机制，模型认为，公共部门的融资成本低于私人部门，而私人部门由于存在管理技能（知识）的转移，因而私人部门存在"全生命周期的成本"（life-cycle cost）节约优势。SPV 如果能够将公共部门的金融优势与私人部门的管理优势结合，将会实现帕累托最优的资本结构，并讨论了不同的知识转移机制情形下的最优资本结构问题。

Deng 等[⑤]在之前研究的基础上，率先提出私人部门的参与对 PPP 项目的成本影响是通过私人部门的知识转移效应与成本增加效应实现的，并推演得到项目成本与私人参与的 U 形关系，并从理论与实证上检验了上述结论，利用中国 PPP 项目的实证研究结果表明 PPP 项目中的私人份额过多，因而中国的 BOT（build-operate-transfer，建设—运营—转移）项目，较之于其他类型的 PPP 项目，存在效率不足的

[①] Arrow K. J., Lind R. C.. "Uncertainty and the Evaluation of Public Investment Decisions" in Peter Diamond and Michael Rothschild, eds. *Uncertainty in Economics*, Academic Press: 1978, p. 403-421.

[②] Deng Z., Song S., Chen Y., "Private Participation in Infrastructure Project and Its Impact on the Project Cost", *China Economic Review*, Vol. 39, 2016, pp. 63-76.

[③] Moszoro M. W., Gasiorowski P., "Optimal Capital Structure of Public-Private Partnerships", IMF Working Paper, No. WP 08/1, 2008.

[④] Moszoro, Marian, "Efficient Public-Private Capital Structures", *Annals of Public and Cooperative Economics*, Vol. 85, No. 1, 2014, pp. 103-126.

[⑤] Deng Z., Song S., Chen Y., "Private Participation in Infrastructure Project and Its Impact on the Project Cost", China Economic Review, Vol. 39, 2016, pp. 63-76.

情况。此外,他们还首次提出了知识转移效应及成本增加效应(融资约束效应)的概念,并就私人份额与 PPP 成本的关系进行了理论与实证研究,与 Moszoro 和 Gasiorowski 相比是一大进步,但是,Deng 与 Moszoro 在讨论"知识转移"效应时均假定知识转移函数为具体的函数形式,从一定程度上而言,并不具有一般性。

邓忠奇和陈甬军总结了"融资约束"效应及"知识转移"效应[1],在"知识转移"函数为抽象的情况下检验了上述两种效应,并讨论了私人参与度与 PPP 项目成本的关系,作者利用国际电力行业的 PPP 项目数据进行了实证分析,结果证实了"融资约束"效应与"知识转移"效应及 PPP 项目的成本与私人参与度的 U 形关系特征。同时,从政策意义上来看,在"一带一路"的背景下,该文的实证结果认为东道国将项目承包给国内企业或者建立联合企业是公共基础设施建设项目的占优策略,因而应不断调整与优化基础设施项目的资本结构,充分发挥各投资主体的优势,充分发挥"知识转移"效应的作用,为中国企业的走出去提供经验与理论借鉴。

郭威和郑子龙[2]在 Moszoro[3] 的基础上构建了基于合作博弈的理论模型讨论了专有技术转让、融资成本差异与 PPP 最优股权结构关系。理论模型结果显示,私人持股比例的增加意味着私人部门享有更多的剩余收益的分享权与控制权,从而激励私人部门转移专有技术,减少 PPP 项目的成本,随后,作者利用 10 个发展中国家 1998—2008 年的 PPP 项目数据构建面板分位数回归模型实证了上述影响因素与最优股权结构之间的关系,结果表明融资成本差异越小或成本节约效应越强,混合股权结构的有效选择越多,因而在 PPP 项目的整个生命周期内,相比获取较低的融资成本,制定缩小公私融资成本差距的政策与

---

[1] 融资约束效应认为 PPP 项目的成本随着私人部门参与度的提高而增加,主要原因是私人部门的参与提高了融资成本;知识转移效应认为 PPP 项目的成本会随着私人参与度的提高而减少,主要是因为私人部门参与度的提高会提升项目的整体效率水平。

[2] 郭威、郑子龙:《专有技术转让、融资成本差异与 PPP 最优股权架构:来自发展中国家的实证研究》,《世界经济研究》2018 年第 12 期。

[3] Moszoro, Marian, "Efficient Public-Private Capital Structures", Annals of Public and Co-operative Economics, Vol. 85, No. 1, 2014, pp. 103-126.

措施则更为重要。

此外，Bettignies 和 Ross[①] 基于不完全契约融资理论，解释公共项目何时以 PPP 形式由私人开发并负责融资是最优的。一方面，私人部门可以通过更有效的机制中止劣质项目的进行从而解决政府的"软预算约束问题"[②]，因而私人融资会优于公共融资；另一方面，由于契约的不完全性及外部性，会导致私人的策略性违约，因而只能负责部分有价值的项目。当两种融资方式都可行时，PPP 可以通过强化项目的资金约束并防止无效延续而占优。此外，Bettignies 和 Ross[③] 认为私人部门的加入有利于强化项目的资金约束，同时也指出传统的公共融资形式融资能力更强，而私人部门会存在融资约束。蔡东方和孔淑红[④] 基于不完全契约理论框架下的一般均衡模型，从融资约束与融资激励两个方面分析了 PPP 模式对公共产品供给效率与社会福利的影响，并分析了存在融资约束条件下的效率损失。私人融资的专业性能够提高公共产品的合意程度，但是私人部门的融资约束会抵消这种专业性带来的收益，导致福利损失。因而打破融资约束与制度歧视，规范金融市场，让民营企业公平参与 PPP 项目是重要的。

三 PPP 效率与融资方式的研究

PPP 效率与融资方式的研究主要从外部融资的激励、融资类型的选择与机构融资三方面展开。

多数基础设施建设项目需要从外部融资，融资途径会通过影响各个参与方的剩余与激励，进而影响 PPP 项目的绩效。一方面，Iossa

---

[①] De Bettignies J. E., Ross T. W., "The Economics of Public-Private Partnerships", *Canadian Public Policy/Analyse de Politiques*, Vol. XXX, No. 2, 2004, pp. 135-154.

[②] "软预算约束问题"说的是政府为了操纵选民的意愿，粉饰自身的内在品质，增加自身再次当选的概率，会试图"挽救"或延续一些本该中止的公共项目，造成公共项目效率的损失。

[③] De Bettignies J. E., Ross T. W., "The Economics of Public-Private Partnerships", *Canadian Public Policy/Analyse de Politiques*, Vol. XXX, No. 2, 2004, pp. 135-154.

[④] 蔡东方、孔淑红：《融资激励和融资约束对 PPP 模式下公共产品提供效率的影响——基于不完全契约理论的一般均衡分析》，《技术经济》2017 年第 9 期。

和 Martimort[①]认为私人部门在风险转移方面具有信息优势，可以通过引入外部融资者降低运营风险，强化项目的监督及执行，同时还能改善委托代理双方信息不对称的情况，提高融资外包收益，改善 PPP 项目的效率及增进社会福利。另一方面，Jensen 和 Mecking[②]认为外部投资者对收益的分享有可能会削弱 PPP 的激励优势，Estache 和 Serebrisky[③]通过对 PPP 项目的总结表明，私人银行在 PPP 项目中始终处于利己的地位，因而私人银行参与 PPP 的融资并不能提高 PPP 的成功比率。总体来看，合意的外部融资应该将收益与激励的扭曲做一个权衡。

Dewartripont 和 Legros[④]从融资类型方面考虑了上述问题，结果表明，虽然债务融资的激励机制会优于股权融资，但是外部投资者的收益分享可能会抵消 PPP 项目建设与运营的"捆绑"特征带来的好处。查云璐等[⑤]基于 DEA 模型实证分析了 PPP 概念的 38 家公司的股权融资情况，模型结果认为，我国的 PPP 项目融资在重视债券市场作用的同时应保持债务杠杆的风险可控性，同时要重视股权结构，增加股票流动性及降低股权集中度，提升个人与机构投资者的 PPP 参与度，从而改进规模效率。

此外，还有学者从国际金融机构的融资角度来研究外部融资与 PPP 项目的绩效关系。一方面，国际金融机构的参与，无论是作为贷款人、担保人还是股权投资人，都会显著带动其他社会资本参与融资，特别是在经济风险较高的国家，更容易使项目获得更高的杠杆

[①] Iossa E., Martimort D., "The Simple Microeconomics of Public-Private Partnerships", *Journal of Public Economic Theory*, Vol. 17, No. 1, 2015, pp. 4-48.

[②] Jensen M. C., Meckling W. H., "Theory of the Firm: Managerial Behavior, Agency Costs and Ownership Structure", *Journal of Financial Economics*, Vol. 3, No. 4, 1976, pp. 305-360.

[③] Estache A., Serebrisky T., "Where Do We Stand on Transport Infrastructure Deregulation and Public-Private Partnership?", World Bank Policy Research Working Paper, No. 3356, 2004.

[④] Dewatripont M., Legros P., "Public-Private Partnerships: Contract Design and Risk Transfer", *Europe Investment Bank papers*, Vol. 10, No. 1, 2005, pp. 120-145.

[⑤] 查云璐、李博、高廷璧：《PPP 项目股权融资效率评价——基于 DEA 模型的分析》，《金融会计》2017 年第 6 期。

率，提升PPP项目成功率。① 另一方面，为获得国际金融机构（例如，世界银行、欧洲投资银行及亚洲开发银行等）的融资，往往要求PPP项目的政府及私人投资者满足若干条件，例如明确的还款时间、利率水平及制定监管制度等，同时许多机构借款人会监督整个PPP项目的进程（包括项目的开始、私人投资者的选择、项目的完工），从而国际金融机构的融资会提升PPP项目的成功率。② 罗煜等[③]基于"一带一路"沿线46个发展中国家的PPP项目数据研究了国际金融机构的参与度与PPP项目的成效问题，实证结果表明，在国际多边金融机构提供融资的PPP项目中，私人投资者会选择更高的风险分担，项目的成功率越高。

四　PPP效率的物有所值（VfM）评估研究

对于物有所值（VfM，Value for Money），学术界有多种定义。总的来说可以从三个层面去理解：（1）VfM不是一个静态的概念，而是动态的概念，可能随经济、政治及社会发展的状况发生变化；（2）VfM是贯穿项目整个周期的成本与收益、合理的风险配置的最优组合，通过该组合以满足项目质量与胜任能力的要求；（3）VfM建立在经济性、有效性及效率性等三个原则之上，VfM是对这三种原则的审视。④

Demirag等[⑤]对英国的PFI模式进行了会计处理及VfM的评估，是较早的对私人参与公共基础设施项目评估的研究。从物有所值的评估

---

① 沈梦溪：《国家风险、多边金融机构支持与PPP项目融资的资本结构——基于"一带一路"沿线国家PPP项目数据的实证分析》，《经济与管理研究》2016年第11期。

② Galilea P., Medda F., "Does the Political and Economic Context Influence the Success of a Transport Project? An Analysis of Transport Public-private Partnerships", *Research in Transportation Economics*, Vol. 30, No. 1, 2010, pp. 102-109.

③ 罗煜、王芳、陈熙：《制度质量和国际金融机构如何影响PPP项目的成效——基于"一带一路"46国经验数据的研究》，《金融研究》2017年第4期。

④ Ismail K, Takim R, Nawawi A. H. "The evaluation criteria of Value for Money (VFM) of Public Private Partnership (PPP) bids", paper delivered to International Conference on Intelligent Building and Management., sponsored by UESTC, May 2-4, 2011.

⑤ Demirag I., Dubnick M., Khadaroo M. I., "A Framework for Examining Accountability and Value for Money in the UK's Private Finance Initiative", *Journal of Corporate Citizenship*, Vol. 15, 2004, pp. 63-76.

原则看，物有所值评估原则分别为效率原则、有效性原则及经济性原则①，在三个原则的基础上，国内文献多数是围绕 VfM 的概念、推广评估方法及评估适用性的验证展开的，而国外的研究主要集中在 VfM 评估的缺陷及评估程序的改进上。②

从物有所值的评估方法看，国际上常用的 VfM 评估方法主要包括成本效益分析法与公共部门参照标准法，成本效益分析法通过比较项目的效益和全部成本来评估项目的价值，而公共部门参照标准法是政府根据项目的实际情况制定出的政府提供产品的标杆成本与 PPP 模式下的全生命周期成本的比较，从而进行项目的价值评估。③

英国财政部构建了英国的 VfM 评估指标体系，从公共部门参照标准法的角度评估项目的价值，他们认为 VfM 取决于公共部门比较值（Public Sector Comparator，PSC）及影子报价（Shadow Bid，SB），通过 VfM=PSC-SB 可以得到公共设施建设项目的价值评估情况，如果 VfM>0，PPP 模式相较于传统的采购模式能够节约成本，可以实现物超所值，反之，则未能实现物超所值。英国的 VfM 定量评价体系综合考虑了 PPP 模式下项目的运行特点、评价的内容及标准，并能够识别 PPP 项目全生命周期中影响物有所值的关键因素，因而该评估体系具有一般性及科学性。④

从国内学者的研究看，姜爱华⑤从经济学与管理学分析了政府采购"物有所值"这一目标的原因，从 VfM 的概念界定与特征方面阐述了"物有所值"的内涵，并强调指出"物有所值"不一定是最低

---

① 效率原则指给定产出与投入的条件下，在最短时间提供高质量产品或服务的能力；有效性原则指政府与社会部门综合考虑影响 PPP 效率的实现因素，比如合作机制、融资模式、风险分担等；经济性原则也就是最小投入原则。
② 刘穷志、庞泓：《基础设施项目建设风险与价值评估：VfM 方法的改进及应用》，《财贸研究》2016 年第 2 期。
③ 袁竞峰、王帆、李启明、邓小鹏：《基础设施 PPP 项目的 VfM 评估方法研究及应用》，《现代管理科学》2012 年第 1 期。
④ 林晓言、王萌：《PPP 绩效评价 VfM 指标体系的中国化改进和应用》，《北京交通大学学报（社会科学版）》2019 年第 1 期。
⑤ 姜爱华：《政府采购"物有所值"制度目标的含义及实现——基于理论与实践的考察》，《财政研究》2014 年第 8 期。

经济成本，而是政府考虑所有成本后所能获得的最大收益，同时，政府可以通过纠正市场失灵以实现物有所值的目标。袁竞峰等[1]综述了国外常用的 VfM 理论并阐述了 VfM 的发展过程与主要的评估方法（成本效益分析法与公共部门参照标准法），并基于我国国情改进了适用于我国的 VfM 评估方法，并通过案例研究的方式研究了评估方法的可行性。林晓言、王萌[2]基于英国的 VfM 评价体系，从两个方面构建了我国的 VfM 评价体系，实证表明该指标体系能够有效评估 PPP 项目的物有所值的实现情况。戴露瑶[3]利用北京四号线的 PPP 案例检验了 VfM 评价的有效性问题，结果表明我国的 VfM 评价方法在一定范围内有效，但也存在诸如潜在风险识别不足的问题。

在 VfM 评价方法的改进与创新方面，刘穷志和庞泓[4]认为传统的 VfM 评价方法，即成本效益分析法在计算净现值（NPV）时数据来源及定价的准确性存在一定的缺陷，文中基于保险及未定权益估值方法，采用现金流相关风险的概率分布来模拟无风险现金流，对项目现金流的风险进行了估值，同时将已识别的项目风险作为成本，结果表明改进的 VfM 方法能够确定项目的潜在风险并进行定价。此外，董纪昌[5]考虑了在 VfM 评价中 PSC 指标计算的折现率选取问题，强调要谨慎选取折旧率，在建设周期较长时，不同折现率的现值差别较大；高华和侯晓轩[6]讨论了 VfM 评价中折现率的选取问题，结果表明，在政府视角下 PSC 与 PPP 数值的测算采用相同的折现率更为合理。

总体来看，国内对于 PPP 项目 VfM 的评价研究尚处于发展阶段，

---

[1] 袁竞峰、王帆、李启明、邓小鹏：《基础设施 PPP 项目的 VfM 评估方法研究及应用》，《现代管理科学》2012 年第 1 期。

[2] 林晓言、王萌：《PPP 绩效评价 VfM 指标体系的中国化改进和应用》，《北京交通大学学报（社会科学版）》2019 年第 1 期。

[3] 戴露瑶：《我国物有所值定量评价方法有效性检验——基于北京地铁四号线的研究》，《时代金融》2017 年第 12 期。

[4] 刘穷志、庞泓：《基础设施项目建设风险与价值评估：VfM 方法的改进及应用》，《财贸研究》2016 年第 2 期。

[5] 董纪昌：《物有所值定量评价方法及改进方向》，《中国政府采购》2016 年第 7 期。

[6] 高华、侯晓轩：《PPP 物有所值评价中折现率的选择——基于 STPR 法与 CAPM 模型》，《财会月刊》2018 年第 8 期。

多集中于概念的阐释、VfM 指标的设定（如 PSC 指标的构建、折旧率的选取等）及对具体案例的 VfM 评价的适用性验证上，对评价体系的改进型研究较少，对"一带一路"沿线国家 PPP 项目的 VfM 评估则更为少见。

第三节　文献综述：宏观层面的 PPP 效率研究

现有文献对 PPP 效率宏观层面的研究主要包括 PPP 项目的风险配置研究与 PPP 项目的风险类型研究两部分。

一　PPP 项目的风险配置研究

PPP 是由政府部门和私人部门共同参与、共担风险、共享利益的融资模式，公私双方的合作存在明显的利益冲突是 PPP 项目产生风险的基本因素[1]，因而风险的合理分担及利益的公平分配是 PPP 项目成功的重要因素[2]，风险在公私部门的适当配置是实现 PPP 效率的关键途径。[3]

王守清和柯永建[4]提出的风险分配需要遵循：由对风险最有控制力的一方承担风险、风险承担与收益相匹配及私营部门承担的风险有上限等三条分配原则。Medda[5]考虑了交通基础设施建设领域的公私双方针对风险分配的博弈议价过程，在该过程中，承担风险获得的收

---

[1] 叶晓甦、徐春梅：《我国公共项目公私合作（PPP）模式研究述评》，《软科学》2013 年第 6 期。
[2] 常雅楠、王松江：《激励视角下的 PPP 项目利益分配——以亚投行支撑中国企业投资 GMS 国家基础设施项目为例》，《管理评论》2018 年第 11 期。
[3] 赖丹馨、费方域：《公私合作制（PPP）的效率：一个综述》，《经济学家》2010 年第 7 期。
[4] 王守清、柯永健：《特许经营项目融资（BOT、PFI 和 PPP）》，清华大学出版社 2008 年版，第 92 页。
[5] Medda F., "A Game Theory Approach for the Allocation of Risks in Transport Public Private Partnerships", *International Journal of Project Management*, Vol. 25, No. 3, 2007, pp. 213-218.

益是驱使参与方承担风险的重要因素。徐霞和郑志林[①]从风险分担、资本结构与控制权三个维度研究了 PPP 项目的利益分配问题。王桂花和彭建宇[②]基于博弈议价理论构建了不完全信息条件下的风险分担模型，认为公共部门在 PPP 项目中的控制权程度会影响合作效率，因而要寻求最优的控制权配置水平，同时，根据 PPP 项目的风险分担原则，最具有控制力的一方应分担与自身的回报相匹配的风险，并且应该限定私人部门风险承担的上限。常雅楠和王松江[③]认为利益分配是有效解决公私双方不同利益矛盾的激励措施，并从影响利益分配的 5 个因素（资源投入、风险分担、贡献度、努力程度及特殊因素）入手，基于改进的 Shapley 值法利益分配综合模型分析了亚投行支持的中国企业投资的 GMS（大湄公河次区域经济合作）国家的基础设施项目，结果表明该模型可以实现各参与方的最优利益分配。

叶晓甦和徐春梅[④]从风险管理与评价方法及风险分担两个方面总结了国内对 PPP 项目风险与分配的研究现状，认为现有的 PPP 项目的风险研究存在如下问题：（1）将公私合营作为统一模式，不同形式的所有权与风险分配的关系未深入研究；（2）多数从商业合同入手研究，而从关系型契约角度出发的研究较少，因而对 PPP 的本质特征研究较少；（3）风险评价方法的实践性不足；（4）宏观性政策风险的研究不足，有效的 PPP 项目的政策与创新机制的研究程度不够。冯柯等[⑤]通过对中国典型的 31 个 PPP 项目的分析，识别了 7 种具有代表性的特许权协议动态调节措施，结合 PPP 项目风险分担的原则，提出了特许权协议动态调节措施的选择框架。

---

① 徐霞、郑志林：《公私合作制（PPP）模式下的利益分配问题探讨》，《城市发展研究》2009 年第 3 期。
② 王桂花、彭建宇：《制度供给视角下 PPP 模式风险分担博弈研究》，《经济问题》2017 年第 10 期。
③ 常雅楠、王松江：《激励视角下的 PPP 项目利益分配——以亚投行支撑中国企业投资 GMS 国家基础设施项目为例》，《管理评论》2018 年第 11 期。
④ 叶晓甦、徐春梅：《我国公共项目公私合作（PPP）模式研究述评》，《软科学》2013 年第 6 期。
⑤ 冯珂、王守清、伍迪、赵丽坤：《基于案例的中国 PPP 项目特许权协议动态调节措施的研究》，《工程管理学报》2015 年第 3 期。

二　PPP 项目的风险类型研究

徐哲潇和杜国臣[①]根据世界银行 PPI 数据库较为完整地分析与总结了 PPP 模式在"一带一路"沿线发展中国家的发展现状，认为现阶段"一带一路"沿线国家 PPP 的发展存在"四大特征"，实施中可能存在政治风险、法律风险、收益风险、汇率风险等风险。Cangiano、Hall、Irwin 将 PPP 合同的风险分为八种类型，合理的风险分担合同应基于参与方对风险和交易成本的影响、期望和吸收能力，分配风险和相关权利，实现项目价值最大化。[②]

在具体类型的 PPP 项目的风险研究方面，外生需求风险被视为影响 PPP 项目建立最显著的因素。Hammami 等[③]基于 1990—2003 年 PPP 项目的"国家—年份"面板数据实证发现，总需求与市场规模更大的国家，PPP 项目更为普遍。按照风险分担的一般原则，应当由有能力承担的参与方来承担外生需求风险，从激励的角度看，政府承担需求风险有利于满足私人部门的参与约束，而民营部门承担需求风险则有利于形成最优的激励。

Engel 等[④]认为传统的高速公路建设项目的固定期限合同难以实现需求风险的最优分担，并提出了可以通过一种相当直观的 LPVR（least present value of revenues，即最小收益现值）拍卖机制来解决需求风险的最优分担问题[⑤]。LPVR 合同的一个优势在于其能降低风险。当需求高于预期时，合同执行期限会缩短，反之，期限会延长。如果

[①] 徐哲潇、杜国臣：《以 PPP 模式推动"一带一路"建设的思考》，《国际经济合作》2018 年第 10 期。

[②] [智]爱德华多·恩格尔、[智]罗纳德·费希尔、[智]亚历山大·加莱托维奇：《政府与社会资本合作模式经济学：基本指南》，邱立成等译，机械工业出版社 2017 年版，第 75 页。

[③] Hammami, M., Ruhashyankiko, F., Yehoue, E., "Determinants of Public-Private Partnerships in Infrastructure" IMF Working Papers, No.06/99, 2006.

[④] Engel, Eduardo MRA, Ronald D. Fischer, and Alexander Galetovic, "Least-Present-Value-of-Revenue Auctions and Highway Franchising", *Journal of Political Economy*, Vol.109, No.5, 2001, pp.993-1020.

[⑤] PVR（收益现值）是一种弹性期限合同，该合同有如下特点：(1) 管理者们制定折现率和收费方案，然后企业根据他们期望的通行费总收入的现值进行竞标；(2) 出价最低的企业将中标，合同期限一直持续到企业收足所要求的通行费收入总额为止。

项目能够实现长期的盈利，保证完全收回投资并获得相应的回报，便可以消除需求风险。Engel 等[1]讨论了最优风险分配合约的转移支付规则，认为私营部门通过用户缴费与政府补贴来收回初始的投资，而政府筹措公共资金具有影子成本，因而优先用用户缴费作为补偿是合意的。在弹性的合同期限下，最优的需求风险分配合约应具备最低收入保证（minimum revenue guarantee）及收入上限（revenue cap）的特征。

Iossa 和 Martimort[2]讨论了外生需求风险下的基于政府补贴与用户缴费的线性补偿合约机制，认为当私营部门的风险规避程度及外生需求风险较高时，最优的激励机制应采用固定补贴支付的形式，反之，应采用用户缴费为主的激励形式。

对于政治风险，在 Cangiano 等[3]看来，指政府管制收入、无偿征用的可能性。从更广泛的意义上讲，政治风险包括审批延误、政治决策失误风险、政治反对风险、政府信用风险、政府官员腐败风险、国有化或征收风险等。[4] 从宏观上看，PPP 项目合同期限较长，政府的政策持续性与稳定性会影响项目成本，因而坚实的政治承诺是重要的，政策缺乏连贯性容易导致 PPP 项目的再谈判或提前终结；从微观上看，政府的权威地位容易导致 PPP 的缔约问题。在 PPP 项目的实践中，公共部门的腐败往往成为 PPP 项目成功的阻碍因素。

Iossa 和 Martimort[5]考虑了包含道德风险、外生冲击的私人信息及腐败危险情形下的风险分配与合同选择问题。完全契约下的状态依存条款赋予私人承包商在遭受外生冲击的情况下获取补偿的权利，由于冲击是私人部门的私有信息，识别该冲击的影响需要成本，在识别成

---

[1] Engel, Eduardo, Ronald Fischer, and Alexander Galetovic, "The Basic Public Finance of Public-Private Partnerships", *Journal of the European Economic Association*, Vol. 11, No. 1, 2013, pp. 83–111.

[2] Iossa E., Martimort D., "The Simple Microeconomics of Public-Private Partnerships", *Journal of Public Economic Theory*, Vol. 17, No. 1, 2015, pp. 4–48.

[3] Cangiano M, Hemming R, Ter-Minassian T. "Public-Private Partnerships: Implications for Public Finances, *SSRN Electronic Journal*, No. 2070659, 2004.

[4] 吉富星：《PPP 模式的理论与政策》，中国财政经济出版社 2017 年版，第 118 页。

[5] Iossa, Elisabetta, and David Martimort, "Corruption in PPPs, Incentives and Contract Incompleteness", *International Journal of Industrial Organization*, Vol. 44, 2016, pp. 85–100.

本过高的情形下，政府官员会面对是否采用完全契约的权衡，对于腐败的政府官员而言，执行不完全契约的条款（私下获取承包商的回扣）是经常的选择，这样便损失了风险管理效率。

在制度与法律风险研究方面，Hammami[①]、Galilea[②]、Sharma[③]以及Percoco[④]等许多学者的研究认为，良好的制度质量（较少的腐败、有效的法律法规）是PPP项目成功的关键。Daniels和Trebilcock[⑤]通过项目分析认为，PPP效率的影响因素之一是PPP的契约框架和制度。

从国内的研究来看，赵景华和陈新明[⑥]指出，PPP本质上多是政府通过关系型契约方式组织项目实施与移交，因而制度环境直接影响项目运行和绩效。因而，企业在走出去的过程中，适应制度差异及畅通资本的双向流动是重要的。该研究从制度风险规避、法律风险规避及拓宽多边融资渠道三方面给出了我国企业参与"一带一路"沿线国家PPP项目的投资策略，同时该研究首次指出了PPP的契约本质属性。罗煜等[⑦]基于"一带一路"沿线国家2002—2013年的PPP数据研究了被投资国的制度质量与国际金融机构的参与对PPP项目成效的影响，并通过实证验证了"制度质量通过影响私人部门的风险承担程

[①] Hammami, M., Ruhashyankiko, F., Yehoue, E., "Determinants of Public-Private Partnerships in Infrastructure" IMF Working Papers, No. 06/99, 2006.

[②] Galilea P., "Does the Political and Economic Context Influence the Success of a Transport Project? An Analysis of Transport Public-private Partnerships", Research in Transportation Economics, Vol. 30, No. 1, 2010, pp. 102-109.

[③] Sharma C., "Determinants of PPP in Infrastructure in Developing Economies", Transforming Government: People, Process and Policy, Vol. 6, No. 2, 2012, pp. 149-166.

[④] Percoco, Marco, "Quality of Institutions and Private Participation in Transport Infrastructure Investment: Evidence from Developing Countries", Transportation Research part A: policy and practice, Vol. 70, 2014, pp. 50-58.

[⑤] Daniels R., Trebilcock M., "Private Provision of Public Infrastructure: An Organizational Analysis of the Next Privatization Frontier", University of Toronto Law Journal, Vol. 46, No. 3, 1996, pp. 375-426.

[⑥] 赵景华、陈新明：《"一带一路"沿线国家PPP投资现状、经验及对我国的借鉴启示》，《国际贸易》2017年第9期。

[⑦] 罗煜、王芳、陈熙：《制度质量和国际金融机构如何影响PPP项目的成效》，《金融研究》2017年第4期。

度"这一渠道影响 PPP 项目的成败。结果表明，法治水平、政府效率、政府腐败控制促进私人部门发展的能力越高，私人部门则偏好更多的风险分担，而民主制度的影响结果则相反。这是较为少见的从制度质量方面入手，并验证制度质量对 PPP 项目成效的作用渠道的研究；时秀梅、孙梁[1]基于私人部门参与"一带一路"沿线国家 PPP 项目的数量的实证结果表明，良好的政治法律环境显著增加了企业参与 PPP 建设的数量；刘穷志、芦越[2]从制度质量及经济环境的视角考察了我国水务基础设施 PPP 项目的效率，Logit、Probit 模型回归的结果显示，减少政府干预、完善的法律法规能够促进 PPP 项目的成功，同时，经济发展水平及财政承受能力是保障 PPP 项目效率的基石。

总体来看，国内从制度方面考察 PPP 项目效率及风险分担的研究较少，绝大多数为实证方面的研究，研究结果表明良好的法律环境及腐败控制是 PPP 项目成功的重要因素。

第四节　本章小结

本章包括引言与文献综述两部分。在引言部分（第一节），介绍了研究背景与研究现状。在文献综述部分（第二、三节），从微观层面与宏观层面梳理了 PPP 效率的研究文献。微观层面的研究主要包括四个方面：（1）PPP 模式与传统政府采购的效率比较研究；（2）PPP 效率与私人参与度（参与比例）的研究；（3）PPP 效率与融资方式的研究；（4）PPP 效率的物有所值研究。宏观层面的研究主要包括 PPP 项目的风险配置研究与 PPP 项目的风险类型研究两部分。本章的文献综述为后续章节的研究提供了文献支撑。

---

[1] 时秀梅、孙梁：《"一带一路"中私人部门参与 PPP 项目的影响因素研究》，《财经问题研究》2017 年第 5 期。

[2] 刘穷志、芦越：《制度质量、经济环境与 PPP 项目的效率——以中国的水务基础设施 PPP 项目为例》，《经济与管理》2016 年第 6 期。

第二章 PPP 的相关概念与理论

本书的研究主题是"一带一路"倡议下 PPP 项目的效率问题，有必要对 PPP 的相关概念与理论进行梳理。本章的安排如下：第一节从 PPP 的起源、PPP 的定义、PPP 的特征与 PPP 的分类等四个方面梳理 PPP 的起源与内涵；考虑到 PPP 项目是围绕公共基础设施的建设（公共产品）展开的，第二节介绍公共产品供给理论；为了更好地从微观层面研究 PPP 的效率机制，第三节梳理不完全契约理论，并分析了不完全契约对于 PPP 效率的影响；本章第四节介绍新公共管理理论，并分析了新公共管理理论与 PPP 的关系；最后是本章小结。

第一节 PPP 的起源与内涵

一 PPP 的起源

PPP（Public Private Partnership，又称公私合营）作为一种鼓励私人资本参与和运营公共项目的市场化解决机制，可以追溯到 18 世纪欧洲的公路收费计划。从国外来看，英国、加拿大等国被公认为是在 PPP 模式的发展、项目管理及项目经验较为成熟的国家。[1] 1992 年，为提升英国政府基础设施水平，解决公共项目在建设运营中的中的资金匮乏与公共部门管理效率低下等问题，英国财政大臣克拉克率先提出"通过公共部门与私人部门的合作来提升公共服务水平"的市

---

[1] 徐哲潇、杜国臣：《以 PPP 模式推动"一带一路"建设的思考》，《国际经济合作》2018 年第 10 期。

场化解决思路，形成 PPP 的初步概念，① 自英国政府首次引入鼓励私人投资进入公共事业的英法海底隧道项目以来，PPP 这种新型合作模式被深入研究与讨论，并被广泛应用于能源、通信等基础设施建设项目。② 根据美国联邦高速公路运输部 2005 年的统计，1985—2004 年，全球范围内 2096 个价值总计为 8870 亿美元的基础建设项目通过 PPP 模式融资。③

从国内来看，我国对 PPP 项目的探索实践较早。根据《中国 PPP 行业发展报告（2017—2018）》，国内 PPP 的发展历程可以分为 4 个阶段，分别为探索试行阶段（1984—2002 年）、稳定推广阶段（2003—2008 年）、波动发展阶段（2009—2013 年）及快速发展阶段（2014 年至今）。④ 在国内 PPP 模式的制度安排上，2010 年 5 月，国务院发布《关于鼓励和引导民间投资健康发展的若干意见》，要求鼓励和引导民间资本进入基础产业和基础设施、市政工程、政策性住房建设、社会事业等领域，⑤ 明确实施 PPP 模式的政策导向；2014 年 4 月，国务院常务会议决定在基础设施建设领域引入社会资本，并确定首批 80 个公私合营项目⑥；2016 年 10 月，财政部发布《关于在公共服务领域深入推进政府和社会资本合作工作的通知》，通过 PPP 模式

---

① 张喆、贾明、万迪昉：《不完全契约及关系契约视角下的 PPP 最优控制权配置探讨》，《外国经济与管理》2007 年第 8 期。
② 王莲乔、马汉阳、孙大鑫、俞炳俊：《PPP 项目财务风险：融资结构和宏观环境的联合调节效应》，《系统管理学报》2018 年第 1 期。
③ Gurgun A. P., Touran A., "Public-Private Partnership Experience in the International Arena: Case of Turkey", *Journal of Management in Engineering*, 2014, Vol. 30, No. 6, 2004, pp. 04014029-1.
④ 中央财经大学政信研究院：《中国 PPP 行业发展报告（2017—2018）》，社会科学文献出版社 2018 年版，第 2 页。
⑤ 参见中国政府网《关于鼓励和引导民间投资健康发展的若干意见》，2010 年 5 月 13 日，http://www.gov.cn/zwgk/2010-05/13/content_1605218.htm，2019 年 11 月 20 日。
⑥ 参见中国政府网《李克强主持召开国务院常务会议（2014 年 4 月 23 日）》，2014 年 4 月 23 日，http://www.gov.cn/guowuyuan/2014-04/23/content_2665259.htm，2019 年 11 月 20 日。

推动供给侧结构性改革[1];2017年1月,国家发展改革委员会同外交部、环境保护部等13个部门、单位建立"一带一路"PPP工作机制[2],通过该机制与沿线国家在基础设施领域加强合作,积极推广PPP模式,助力中国企业走出去。

二 PPP的定义

关于PPP,国内外的学者、机构给出了相似但不尽一致的定义。从国外来看,可以分为两种定义方式:(1)从PPP的概念属性出发,认为PPP模式是公共部门与私人部门的合作关系。IMF[3]指出,鉴于私人部门在管理及创新方面的优势,PPP模式是一种私人部门代替传统政府来提供基础公共设施与服务的安排;欧盟委员会[4]则认为PPP是公共部门与私人部门之间的合作关系,提供传统上由公共部门提供的项目或服务;Krishna、Romzek和Johnston则将PPP视为商业社会和私人部门之间的合作经营关系[5]。(2)从PPP模式的概念及特征属性去定义PPP,从而更深入地解释PPP的内涵。加拿大PPP国家委员会认为PPP是公共部门与私人部门之间的一种合作经营关系,双方基于自身的项目经验,通过资源分配、风险分担及利益共享机制,用以满足明晰界定的公共产品或服务需求。[6]

从国内来看,张喆等[7]分别从产品的公共化与可度量程度、基础

---

[1] 参见中华人民共和国财政部金融司网站《关于在公共服务领域深入推进政府和社会资本合作工作的通知》,2016年10月11日,http://jrs.mof.gov.cn/zhengcefabu/201610/t20161012_2433695.htm,2019年11月20日。

[2] 参见《国家发展改革委员会同13个部门和单位建立"一带一路"PPP工作机制》,2017年1月6日,https://www.ndrc.gov.cn/xwdt/ztzl/pppzl/zcydt/201701/t20170106_1302591.html?code=&state=123,2019年11月20日。

[3] International Monetary Fund, *Public-Private Partnerships*, Fiscal Affairs Department, March 12, 2004.

[4] The European Commission, *Guidance for Successful PPP*, European Commission, March, 2003.

[5] 王俊豪、付金存:《公私合作制的本质特征与中国城市公用事业的政策选择》,《中国工业经济》2014年第7期。

[6] 王灏:《PPP的定义和分类研究》,《都市快轨交通》2004年第5期。

[7] 张喆、贾明、万迪昉:《不完全契约及关系契约视角下的PPP最优控制权配置探讨》,《外国经济与管理》2007年第8期。

设施的可经营程度及公私部门签订服务协议的三个层面阐释了 PPP 的概念。具体而言，从产品的公共化与可度量程度来看，PPP 是公共部门与私人部门就基础设施合作而签订的各种契约的总和；从基础设施的可经营程度看，PPP 是关于基础设施合作的一种特定形式的契约，要求双方在整个项目的生命周期中共同对项目负责；最后一个层面则认为 PPP 是公共部门与私人部门共同参与并生产公共产品与服务，建立长期合作关系签订的合作协议。总的来看，前两个层面侧重于从狭义的角度去解释 PPP，认为 PPP 是公私部门就基础设施建设签订的具体形式的契约，而最后一个层面则是从广义的层面解释 PPP，认为 PPP 是公私部门在公共产品供给方面的长期性合作。赖丹馨、费方域[1]在借鉴 IMF[2]、Bettignies 和 Ross[3]、Greve 和 Hodge[4] 对 PPP 的定义之后，将 PPP 界定为由政府发起，在公共部门和民营部门间针对特定的公共项目所建立的长期合同关系，其中涉及项目的融资、建设、运营等责任的分配。王俊豪、付金存[5]认为 PPP 是公共部门与私人部门围绕公共产品或服务的供给，以契约为主要法律依据建立起来的一种风险共担、利益共享的长期关系。

总体来看，围绕如何定义 PPP，国内外机构、学者并没有形成统一的意见，本书尝试从狭义与广义两个层面归纳 PPP 模式的定义。从狭义上讲，PPP 模式是指公共部门与私人部门为实现公共基础产品的生产与服务，基于资源分配、风险分担及利益共享机制而签订的具体形式的长期契约，包括 BOT、BOOT（建设—拥有—运营—转让）等多种形式；从广义上讲，PPP 模式是针对公共部门在公共产品或服务

---

[1] 赖丹馨、费方域：《公私合作制（PPP）的效率：一个综述》，《经济学家》2010 年第 7 期。

[2] International Monetary Fund, Public‐Private Partnerships, Fiscal Affairs Department, March 12, 2004.

[3] De Bettignies J. E., Ross T. W., "The Economics of Public-Private Partnerships", Canadian Public Policy/Analyse de Politiques, Vol. XXX, No. 2, 2004.

[4] Greve C., G. Hodge., "Public-Private Partnerships: An International Performance Review", Public Administration Review, Vol. 67, No. 3, 2007, pp. 545-558.

[5] 王俊豪、付金存：《公私合作制的本质特征与中国城市公用事业的政策选择》，《中国工业经济》2014 年第 7 期。

方面的效率缺失，让私人部门通过与公共部门签订长期合约的方式共同提供公共产品或服务的制度安排。

三 PPP 的特征

PPP 具有项目合作整合性、资源分配、风险分担及利益共享的特性。EIB[①]认为 PPP 的核心目标在于利用私人部门的技能提升公共部门的服务水平。PPP 模式的特征主要体现在：（1）公共部门与私人部门通过签订合约而不是通过政府采购来获得服务，并依据私人部门的服务水平及质量向其提供支付；（2）通常将设计、建造及运营捆绑或整合在一起；（3）根据项目风险"应该转移给能够最优地处理相关风险的一方"的原则寻找最优的私人部门风险转移程度；（4）私人部门应该对项目的部分或全部融资负责；（5）项目尝试多样化的收费机制。例如，市场收益、影子收费[②]等。

IMF[③]以典型的 PPP 项目类型 DBFO（Design-Build-Finance-Operate，设计—建造—融资—运营）为例，认为 PPP 与传统公共基础建设项目显著的差别在于私人部门对"设计—建设—融资—运营"的全面负责，从而提升了公共服务的配送效率，并且，这种"捆绑"模式给予了私人部门在长期提升质量或降低成本的激励。Engel 等[④]将 PPP 的主要特征归结为"通过长期的契约将公共物品的投资与服务供给'捆绑'在一起"。Iossa 和 Martimort[⑤]则从任务捆绑、风险转移与长期契约三个方面总结了 PPP 的特征。

---

① European Investment Bank, *The EIB's Role in Public-Private Partnerships*, European Investment Bank, July 15, 2004.

② 影子收费，以 PPP 道路项目为例，道路使用者在经过道路或路口时不直接付费，而由政府按其交通流量大小定期向提供道路的投资公司支付使用费。

③ International Monetary Fund, *Public-Private Partnerships, Government Guarantees, and Fiscal Risk*, Fiscal Affairs Department HD2961. P83, 2006.

④ Engel, Eduardo, Ronald Fischer, and Alexander Galetovic, "The Basic Public Finance of Public-Private Partnerships", Journal of the European Economic Association, Vol. 11, No. 1, 2013.

⑤ Iossa E., Martimort D., "The Simple Microeconomics of Public-Private Partnerships", Journal of Public Economic Theory, Vol. 17, No. 1, 2015.

赖丹馨和费方域[①]认为 PPP 与传统的基础设施的供给形式有显著的差异性。这种差异性体现在三个方面：(1) 项目责任的捆绑性或整合性。PPP 通常将建设项目的投融资、建设与运营同时交给一个由私人企业或公共部门与私人企业组成的项目公司 SPV（Special Purpose Vehicle）来运行，政府从原来的全方位负责制转变为项目的监督者，实现角色的转变；(2) 项目风险的转移。在满足项目实施的有效监督条件下，SPV 拥有建设与运营的实际控制权，使得项目风险从公共部门转移到私人部门；(3) 长期签约的不完全性。鉴于 PPP 合约的长期性（PPP 项目跨度通常为 10—30 年[②]）、经济环境与政治环境的不确定性，使得 PPP 合约存在不完全性，即事先无法预估事后所有可能发生的状况。王俊豪和付金存[③]将 PPP 的主要特征归纳为四个方面。(1) PPP 是一种长期合作关系；(2) PPP 通过合同进行监管以保障其有效实施；(3) PPP 的核心是风险分担及管理；(4) PPP 运行的关键在于责任明确及制度透明。

总的来看，PPP 的特征可以概括为如下几个方面：首先，项目的"捆绑"性。公共部门与私人部门或者私人部门之间通过成立 SPV 来进行设计、投融资、建造及运营；其次，项目的风险转移与分担。PPP 项目通过 SPV 实现项目风险从公共部门向私人部门的转移，实现风险分散，并通过一定的原则实现最优的风险转移度；最后，PPP 项目的有效运行需要创新监管及权责明晰的制度保障。鉴于 PPP 项目的长期性，合同的签订具有不完全性，难以通过事前的合同议定所有的事项，针对该问题，一般可以通过对私人部门的支付调节来进行监管规制，将私人部门的支付与服务的质量挂钩。同时，在事前的合同中应尽量明确公共部门与私人部门的权利与责任，为项目的合同监管（如支付激励机制）或第三方监管提供决策依据。

---

① 赖丹馨、费方域：《公私合作制（PPP）的效率：一个综述》，《经济学家》2010 年第 7 期。

② 财政部国际司：《从国际经验看成功实施 PPP 项目的关键因素》，《中国财政》2014 年第 15 期。

③ 王俊豪、付金存：《公私合作制的本质特征与中国城市公用事业的政策选择》，《中国工业经济》2014 年第 7 期。

四 PPP 的分类

在 PPP 的实践中，按照不同的标准可以将 PPP 分为不同的类型。萨瓦斯从层次差异性对 PPP 进行分类，将 PPP 分为公私部门共同参与生产与提供服务的制度安排、多方参与并被民营化的基础设施项目及企业、社会与地方的正式合作。[①] 该分类涵盖范围较广，对具体实践的指导性不强。

Brinkerhoff 和 Brinkerhoff（2011）[②] 基于目的分析框架，将 PPP 分为政策型 PPP、服务提供型 PPP、基础设施型 PPP、能力建设型 PPP 及经济发展型 PPP。政策型 PPP 通过寻求构建跨国或跨部门的政策网络，以共同应对全球化的挑战；服务提供型 PPP 将公共服务由公共部门外包给私人部门，由私人部门提供服务，实现生产与安排的分离；基础设施型 PPP 是由公共部门与私人部门共同推动，实现基础设施投融资、建设与运营的有效衔接；能力建设型 PPP 致力于教育、医疗等领域的团体与组织技能的提升；经济发展型 PPP 则是通过跨部门合作，致力于实现经济发展、减贫等宏观目标。

值得注意的是，European Commission[③]、Greve 和 Hodge[④]、Percoco[⑤]、罗煜等[⑥]诸多机构与学者从 PPP 的技术组合特性对 PPP 进行分类。其中，罗煜等从 PPP 的技术组合及风险结构两个角度进行 PPP 的分类。参照欧盟委员会和 Percoco 的标准，可以将 PPP 分为管理与

---

① ［美］萨瓦斯：《民营化与公私部门的合作关系》，周志忍等译，中国人民大学出版社 2002 年版，第 105 页。

② Brinkerhoff D. W., Brinkerhoff J. M., "Public-Private Partnerships: Perspectives on Purposes, Publicness, and Good Governance", *Public Administration and Development*, Vol. 31, No. 1, 2011, pp. 2-14.

③ The European Commission, Guidance for Successful PPP, European Commission, March, 2003.

④ Greve C., G. Hodge., "Public-Private Partnerships: An International Performance Review", Public Administration Review, Vol. 67, No. 3, 2007, pp. 545-558..

⑤ Percoco, Marco, "Quality of Institutions and Private Participation in Transport Infrastructure Investment: Evidence from Developing Countries", Transportation Research Part A: Policy and Practice, Vol. 70, 2014.

⑥ 罗煜、王芳、陈熙：《制度质量和国际金融机构如何影响 PPP 项目的成效》，《金融研究》2017 年第 4 期。

租赁合约、特许经营权、绿地项目及私有化四大类,每个大类又细分为具体的合约,表2-1展示了基于技术组合性的PPP分类。

表2-1　　　　　　　　　　　PPP的分类

PPP类型	PPP合约	合约描述
管理与租赁合约	管理合约	政府支付佣金让私人部门运营项目
	租赁合约	政府以租赁形式将项目资产转移至私人部门(私人部门支付一定费用)
特许经营权	改造—运营—转移(ROT)	私人部门改造已有公共基础设施,在合约存续期运营、维护设施
	改造—租赁—转移(RLT)	私人部门改造已有公共基础设施,以租赁形式从政府获得项目经营权
	建设—改造—运营—转移(BROT)	私人部门改造或补建已有项目,运营并维护该公共设施
绿地项目	建设—租赁—转移(BLT)	私人部门建设新项目并将所有权转移至政府,私人部门随后以租赁形式获得项目经营权
	建设—运营—转移(BOT)	私人部门建设、运营新项目,并在合约到期后,将资产所有权转移给政府①
	建设—拥有—运营(BOO)	私人建设并运营项目,同时拥有项目资产的所有权
	商业化	私人部门在自由市场中建设、运营新项目②
	租借	政府向私人部门租借资产③,由私人部门建设、运营项目,私人部门拥有资产所有权
私有化	完全私有化	政府将国有公司股份全部转移到私人部门
	部分私有化	政府部门将国有公司部分股份转移到私人部门④

资料来源:笔者根据European Commission、Percoco整理得到。

① 合约存续期间,所有权可以属于政府或私人任意一方。
② 此时,政府不提供收益保障。
③ 例如,电力设备或移动电厂等,通常为1—15年。
④ 私人部门持股并不代表私人部门将会参与项目管理。

根据表2-1，基于不同的PPP运作模式，私人部门的风险承担与支付也存在差异性。例如，管理合约由政府承担项目运营全部风险，而租赁合约则由私人部门承担运营全部风险；BOT项目政府在存续期间以长期合约形式向私人部门提供收益保障，而商业化PPP则没有此项保证。总体而言，该分类方法内涵丰富，指导意义明显，因而本书主要采用该种分类方法。

第二节 公共产品供给理论

一 公共产品供给的相关概念与理论发展

公共产品通常是指一类具有非排他性与非竞争性的产品，公共产品的概念最初由萨缪尔森提出。所谓的非排他性指的是产品可以由多个消费者同时消费，其中的单个个体无法阻止其他个体的同时消费。非竞争性指的是产品的消费过程并不会减少该产品的社会总量。例如，国防具有非排他性与非竞争性的特点，是公共产品。此外，还可以根据产品的竞争性与排他性程度分为"俱乐部产品"与"拟公共产品"。其中，俱乐部产品指的是产品本身不具备竞争性（非竞争性），但超过一定的消费范围具有排他性的产品；拟公共产品指的是产品具有非排他性，在一定程度有非竞争性，但随着消费者使用数量的增加，体现出竞争性特征的产品。[1]

公共产品理论的核心问题在于公共产品由谁提供与多大程度提供的问题。围绕公共产品的供给主体问题，学术界主流的研究可以分为三个阶段：第一阶段，由于公共产品供给的"市场失灵"（例如，存在"搭便车"现象，私人无法提供足量的公共产品），政府需要提供公共产品来弥补"市场失灵"[2]；第二阶段，政府内部性的存在导致

---

[1] 蒋殿春：《高级微观经济学（第二版）》，北京大学出版社2017年第2版，第368—369页。

[2] 陈磊、葛永波：《社会资本与农村家庭金融资产选择：基于金融排斥视角》，人民出版社2019年第1版，第37页。

的公共产品单位成本上升与不对称信息导致的无法满足部分消费者对公共产品的需求等"政府失灵"现象的产生，学术界认识到共产产品的供给既可以由政府供给，也可以由市场供给，也就是可以采用"双主体"供给；第三阶段，在"政府失灵"与"市场失灵"的情况下，第三部门为主体的自愿供给发挥越来越重要的作用，它可以通过独立提供、与公共部门合作提供以及与市场合作提供等方式供给公共产品，以实现公平与效率的最优组合。但是，第三方部门供给公共产品也会存在"志愿失灵"的问题。例如，慈善活动的狭隘性、慈善募集资金不足、慈善组织的业余性等问题均会导致"志愿失灵"。[①②] 值得一提的是，也有学者将 PPP 模式作为公共产品供给的"第四条"道路[③]，是公共部门与私人部门充分协作的结果。在 PPP 运作中，公共部门向私人部门转移风险，而私人部门向公共部门传递现金价格，PPP 模式能够缓解财政压力，提升公共服务的供给水平。[④]

二 "一带一路"与国际公共产品

党的十九届六中全会审议通过的《中共中央关于党的百年奋斗重大成就和历史经验的决议》（以下简称《决议》）中指出："我国坚持共商共建共享，推动共建'一带一路'高质量发展，推进一大批关系沿线国家经济发展、民生改善的合作项目，建设和平之路、繁荣之路、开放之路、绿色之路、创新之路、文明之路，使共建'一带一路'成为当今世界深受欢迎的国际公共产品和国际合作平台。[⑤]"《决议》准确指明了"一带一路"的国际公共产品属性。

关于"国际公共产品"，这一概念最初由 Olson 提出，但没给出明确的定义，直至 Kaul、Grunberg 和 Stern 的出现，从三个层面给出

---

① 王磊：《公共产品供给主体选择与变迁的制度经济学分析——一个理论分析框架及在中国的应用》，博士学位论文，山东大学，2008 年，第 42 页。
② 唐祥来：《公共产品供给模式之比较》，《山东经济》2009 年第 1 期。
③ 该种提法类比于公共产品供给的三个主体，即政府、市场、第三部门。
④ 唐祥来：《公共产品供给的"第四条道路"——PPP 模式研究》，《经济经纬》2006 年第 1 期参见中国政府网。
⑤ 参见中国政府网《中共中央关于党的百年奋斗重大成就和历史经验的决议》，2021 年 11 月 16 日，http://www.gov.cn/zhengce/2021-11/16/content_5651269.htm，2021 年 11 月 20 日。

了国际公共产品相对完整的定义,认为国际公共产品"其受益范围从国家看,不仅仅只包含一个国家团体;从成员看,扩展到几个,甚至全部人群;从世代看,既包括当代,又包括未来数代"。①② 进一步地,可以认为国际公共产品是其收益扩展到所有国家、人民和世代的产品。③ 从公共产品最一般的定义来看,国际公共产品就是具有一定的非排他性和非竞争性而消费分布在不同国家的产品。④

对于国际公共产品,国内外学者给出了不同的分类。Stigliz⑤将国际公共产品分为国际经济稳定、国际安全、国际人道主义援助、国际环境与知识等五个方面;Kaul、Grunberg 和 Stern 将国际公共产品分为三大类,即全球自然公共品(Natural global commons)、全球人造公共品(Human-made global commons)及全球条件(Global conditions),并在此基础上划分了若干细分类。⑥

国际公共产品是公共产品概念在国际领域的引申与拓展,"一带一路"作为国际公共产品平台,具备国际公共产品的属性。(1)在国家准入上,"一带一路"具有开放性与包容性,支持开放型经济及包容和非歧视的全球市场;(2)基于"共商共建共享"的原则,在"一带一路"的推进过程中,共同建设共同分享利益,达到互惠共赢

---

① Kaul I., Grunberg I., Stern M. A., "Defining Global Public Goods", in Kaul I., Grunberg I., Stern M. A. eds., *Global Public Goods*: *International Cooperation in the 21st Century*, Oxford, UK: Oxford University Press, 1999, p. 2-19.

② 李新、席艳乐:《国际公共产品供给问题研究评述》,《经济学动态》2011 年第 3 期。

③ Kaul I., Conceiçao P., Le Goulven K., et al., "Why Do Global Public Goods Matter Today" in Kaul I., Conceiçao P., Le Goulven K., Mendoza R. U., eds. *Providing Global Public Goods*: *Managing Globalization*, Oxford, UK: Oxford University Press, 2003: p. 2-20.

④ 黄河:《公共产品视角下的"一带一路"》,《世界经济与政治》2015 年第 6 期。

⑤ Stiglitz J. E., "Knowledge as a Global Public Goods", in Kaul I., Grunberg I., Stern M. A. eds., *Global Public Goods*: *International Cooperation in the 21st Century*, Oxford, UK: Oxford University Press, 1999, p. 308-325.

⑥ Kaul I., Grunberg I., Stern M. A., "Defining Global Public Goods", in Kaul I., Grunberg I., Stern M. A. eds., *Global Public Goods*: *International Cooperation in the 21st Century*, Oxford, UK: Oxford University Press, 1999, p. 2-19.

的结果；（3）通过国际合作解决国际社会共同关切的发展问题。①

"一带一路"作为国际公共产品的平台，它的非竞争性与非排他性所作用的范围仅局限于一个典型的地理区域，其中的跨国活动具有区域性或区域间公共产品的属性，"一带一路"的实施，中短期应着眼于提供更小范围内的区域公共产品②，根据"集体行动的困境"的逻辑，该做法的效果更明显。对于区域内或区域间公共产品的供给，需要构建融资机制作为保障，除了区域间制度与集体认同的建设，通过 PPP 模式引入私人资本参与公共产品基础设施的投资也是不错的选择。

国际公共产品不能仅由政府承担，也不能由私人部门单独承担，许多传统上由政府单独出资经营的公共产品正在逐渐向由政府和私人共同提供的趋势发展，这为国际公共产品由私人部门提供建立了理论基础。与公共产品供给的三个主体（政府供给、市场、第三部门）相比较，PPP 模式是公共部门与私人部门以伙伴关系充分协作的结果，本书的第四章将基于"委托—代理"模型，从"捆绑"效应这一微观机制入手，比较传统政府购买与 PPP 模式的效率，进一步研究公共产品的供给主体问题。

第三节　不完全契约理论

PPP 模式与传统的公共品供给方式相比，有其鲜明的特征。（1）公私合作。在 PPP 中，私人部门与政府部门一起参与公共基础设施的建设。政府部门主要负责项目的监管，而私人部门主要负责建设、运营等工作；（2）利益共享。在 PPP 模式下，政府以社会福利最大化为目标，对私人部门的项目利润进行控制，避免私人部门的个

---

① 石静霞：《"一带一路"倡议与国际法——基于国际公共产品供给视角的分析》，《中国社会科学》2021 年第 1 期。

② 陈明宝、陈平：《国际公共产品供给视角下"一带一路"的合作机制构建》，《广东社会科学》2015 年第 5 期。

人利益最大化行为，同时在私人部门利益受损时进行补贴，避免私人部门因亏损退出 PPP 项目；（3）风险分担。公私双方就 PPP 项目过程中面临的风险进行合理地分担。（4）不完全契约性。Coase[1]指出，"商品或劳务的供给的契约周期越长，那么由于预测的困难性，那么对于需求方而言，明确规定对方该干什么就越不可能"。PPP 是基于契约实现的，PPP 项目的周期一般持续 10—30 年，如此之长的契约周期，项目所在国家的政治、经济、法律环境存在不确定性，产生 PPP 契约的不完全性。本节将重点从不完全契约理论的角度出发阐述不完全契约理论与 PPP 的关系。

一　不完全契约理论的主要内容

在现实世界，完全契约基本是不存在的。不完全契约的产生原因可以归结为以下方面。（1）当事人的有限理性。由于当事人的有限理性，因而事先难以预测未来将要发生的所有情况；（2）存在缔约成本。即使当事人能够预测到将来发生的所有情况，也难以用一种对双方而言均无争议的语言写入契约之中，或者写入契约的成本太高；（3）契约信息的"可观察但不可证实性"（observable but unverifiable）。契约的重要信息对双方而言是可观察的，但是对于第三方（比如法院）而言是不可证实的。[2]

不完全契约理论是 20 世纪末在完全契约理论的基础上发展起来的，用以研究在契约不完全的条件下如何减少投资效率的损失。[3] 不完全契约理论（Incomplete Contract Theory）从狭义上来讲，指 Grossman 和 Hart[4] 与 Hart 和 Moore[5] 建立的企业产权理论（或者称之为

---

[1] Coase Ronald Harry, "The Nature of the Firm", *Economica*, Vol. 4, No. 16, 1937, pp. 386-405.

[2] Tirole J., "Incomplete Contracts: Where do We Stand?", *Econometrica*, Vol. 67, No. 4, 1999, pp. 741-781.

[3] 张羽、徐文龙、张晓芬：《不完全契约视角下的 PPP 效率影响因素分析》，《理论月刊》2012 年第 12 期。

[4] Grossman S. J., Hart O. D., "The Costs and Benefits of Ownership: A Theory of Vertical and Lateral Integration", Journal of Political Economy, Vol. 94, No. 4, 1986.

[5] Hart O., Moore J., "Property Rights and the Nature of the Firm", Journal of Political Economy, Vol. 98, No. 6, 1990.

GHM 理论，GHM 分别是三位学者姓氏的首字母），广义上还包括交易成本理论与关系契约理论。① 不完全契约理论有三个重要假设：（1）当事人具有一定程度的有限理性，无法预测未来发生的所有情况；（2）当事人的机会主义性。也就是说当事人存在机会主义行为，这种机会主义行为是契约不完全性的重要来源；（3）关系专用性投资。在存在缔约成本或契约的关键信息是"可观察但不可证实的"的条件下，按照前面的分析，会出现契约的不完全性，如果当事人在事前存在专用性投资，那么当事人会面临投资产生的准租金被另一方攫取，产生敲竹杠问题。不完全契约理论认为，由于契约的不完全性，资产专用性与当事人的有限理性会产生敲竹杠问题（hold up problems），对于敲竹杠问题，不完全契约理论认为可以通过产权安排实现次优效率，因而也可以将 GHM 理论称之为产权理论，即通过产权的方法对不完全契约的敲竹杠问题加以解决。

不完全契约理论认为，虽然交易成本理论对于交易成本与不完全契约给予了高度重视，并且对各种形式的组织有较强的解释力，但是它没有考虑组织内部产权的来源，也没有考虑内部产权的配置问题，② 因而无法对企业的边界进行明确的分析。不完全契约理论继承了交易成本理论关于"由于交易成本的存在，进而导致契约不完全"的观点，特别是关系专用型投资导致的契约不完全性成为不完全契约理论的主要假设。不完全契约理论按照权利事先能否规定与证实，将契约赋予的权利分为特定权利与剩余控制权，特定权利是指可以事先规定与证实的权利，而剩余控制权则是事前无法规定或证实的权利。拥有产权的一方天然拥有剩余控制权（剩余控制权天然地归非人力资本所有者所有），在契约不完全的情形下，具有灵活的处置权，会获得更多的谈判筹码与投资收益，因而获得剩余控制权的一方会存在事先增加专用性投资的激励，而未获得剩余控制权的一方则缺少事先投资的激励，因而最优的产权配置应取决于剩余控制权对投资激励影响的权

---

① 聂辉华：《契约理论的起源、发展和分歧》，《经济社会体制比较》2017 年第 1 期。
② 杨其静：《从完全合同理论到不完全合同理论》，《教学与研究》2003 年第 7 期。

衡。GHM 理论认为，为了减少敲竹杠风险，应该将物质资产的所有权分配给对投资重要的一方，并从产权的角度，用企业拥有或控制的资产（如存货、机器）来定义企业，明晰了企业的边界。[1][2]

二 不完全契约对于 PPP 效率的影响

PPP 项目的周期较长，一般持续 10—30 年，甚至更长的时间，在此期间内，项目所在国的政治、经济、法律环境存在不确定性，因而会产生 PPP 契约的不完全性。现有的对于 PPP 契约不完全性的研究多是从剩余控制权的配置展开的，较有代表性的研究有 Besley 和 Ghatak[3]、Francesconi 和 Muthoo[4]，国内较有代表性的研究有张喆等[5]。这些研究表明，控制权的配置取决于产品的公共化程度、投资的重要性、双方对产品价值的评价以及政府的行政引导。接下来本书将从 PPP 项目面临的外部环境与 PPP 的项目流程两个方面分析不完全契约对于 PPP 效率的影响。

从 PPP 项目面临的外部环境来看，在较长的 PPP 项目周期内，外部的政治、经济、法律环境会发生变化，按照不完全契约理论的假设，当事人具有有限理性，无法准确预测未来所有可能发生的情况，因而无法对当事人的权利与义务进行事前缔约，会对 PPP 项目的整个生命周期（签约、设计、建设、运营等）的效率产生影响。从具体的外部环境变化来看，政治环境的变化主要指政治承诺的变化与政府政策的变化。Estache 和 Serebrisky[6] 指出，PPP 项目合同期限较长，政府的政策持续性与稳定性会影响项目成本，因而坚实的政治承诺是重

---

[1] 聂辉华、杨其静：《产权理论遭遇的挑战及其演变——基于 2000 年以来的最新文献》，《南开经济研究》2007 年第 4 期。

[2] 杨其静：《从完全合同理论到不完全合同理论》，《教学与研究》2003 年第 7 期。

[3] Besley T. J., Ghatak M., "Government Versus Private Ownership Of Public Goods", Quarterly Journal of Economics, Vol. 116, No. 4, 2001.

[4] Francesconi M., Muthoo A., "Control Rights in Public-Private Partnerships", Social Science Electronic Publishing, Vol. 2, No. 1, 2006.

[5] 张喆、贾明、万迪昉：《PPP 背景下控制权配置及其对合作效率影响的模型研究》，《管理工程学学报》2009 年第 3 期。

[6] Estache A., Serebrisky T., "Where Do We Stand on Transport Infrastructure Deregulation and Public-Private Partnership?", World Bank Policy Research Working Paper, No. 3356, 2004.

要的,政策缺乏连贯性容易导致 PPP 项目的再谈判或提前终结,进而影响 PPP 项目的效率。

从 PPP 项目的流程看,可以分为项目缔约前(寻找私人合作方)、缔约中(公私双方签约)与缔约后(PPP 项目的建设与运营)三个阶段。在项目缔约前,政府通常会通过直接指定、招投标或谈判的方式寻找私人合作方,由于契约的不完全性,会出现私人部门的机会主义与合谋行为,Bajari 等[①]对高速路项目契约的研究表明,在不完全契约下,私人部门会采取策略性的竞标行为,这种行为产生调整成本(adaptation cost),结构模型的经验分析结果表明,这种调整成本占到中标价格的 7.5%—14%。此外,公私部门的信息不对称也是影响 PPP 项目效率的重要因素。

在项目缔约中,影响 PPP 项目效率的因素集中在剩余控制权的分配、私人投资比例、私人与公共部门的风险分担、公共产品质量与服务的标准界定等四个方面。首先,剩余控制权分配与 PPP 效率的研究受到众多学者的青睐,该部分已经在本节的开始有所介绍,在此不赘述。其次,对于私人比例与 PPP 效率的关系,从契约不完全性的角度看,一方面,如果政府部门投资比例较低,私人部门投资比例较高,政府部门可能会失去对 PPP 项目的控制权,可能会偏离项目本身的目标;另一方面,如果政府部门投资比例较高,根据不完全契约理论,这种专用性投资会导致私人部门敲竹杠问题的产生,使项目面临损失。再次,私人部门与公共部门的风险分担问题的难点在于,由于风险往往是未知且难以预测的,因而难以在契约中事先量化,这样风险在公共部门与私人部门之间的分配可能达不到最优的状态,造成效率的损失。最后,由于契约的不完全性,公共产品质量与服务标准的界定难以设定统一的标准,PPP 项目产出的收益并不能说明绝对意义上的社会福利水平的提升,那么如何准确测量 PPP 的效率便是一个问

---

① Bajari, Patrick, Stephanie Houghton, and Steven Tadelis, "Bidding for incomplete contracts: An empirical analysis of adaptation costs", *American Economic Review*, Vol. 104, No. 4, 2014, pp. 1288–1319.

题。正如 Hart[①] 指出的那样，PPP 契约具有"捆绑性"，当服务可以明确界定时，如果建设阶段的投资能够降低运营成本且提高服务效率时，即便建设阶段缔约不完全，PPP 效率也是优于传统的供给方式。

在项目缔约后（PPP 项目的建设与运营阶段），从契约不完全性角度看，影响效率的因素主要包括阶段外部性与再谈判（renegotiation）。Bennett 和 Iossa[②] 在不完全契约模型中引入了阶段外部性的概念，结果表明，当外部性为正时，PPP 的"捆绑"模式是最优的，此时可以将外部性内在化。PPP 项目的持续周期较长，导致契约的不完全性，同时在项目的建设与运营过程中，难免会发生难以处理的问题，导致参与方进行再谈判。Guasch[③] 对于拉美地区的研究表明，总体而言接近一半（41.5%）的特许经营契约面临再谈判的困境，其中，水与卫生部门尤为严重，面临高达 74% 的重复谈判率。

本书的第四章基于不完全契约理论，构建了"委托—代理"模型，从"捆绑"效应这一微观机制入手比较了 PPP 模式与传统政府采购的效率，并利用"一带一路"沿线国家 PPP 项目数据，通过 Probit 回归模型验证了这一效应的存在性。

第四节　新公共管理理论

一　新公共管理理论的主要内容

20 世纪 80 年代，在推行私有化改革的同时，为了摆脱"福利国家"带来的政府困境，以英、美为首的西方国家还掀起了一场声势浩大的行政改革浪潮，这场行政改革浪潮被看作是一场"重塑政府"

[①] Hart O., "Incomplete Contracts and Public Ownership: Remarks, and an Application to Public-private Partnerships", The Economic Journal, 2003, Vol. 113, No. 486, 2003.

[②] Bennett J., Iossa E., "Building and Managing Facilities for Public Services", Journal of Public Economics, Vol. 90, No. 10-11, 2006.

[③] J. Luis Guasch, *Granting and Renegotiating Infrastructure Concessions: Doing It Right*, World Bank Institute 28816, January, 2004.

（又称"市场化政府""政府新模式"或"企业型政府"）的新公共管理运动。① 这场改革运动的代表性事件包括：（1）英国撒切尔政府1980年推行的以"财政管理创新"和缩小政府规模的运动；（2）美国1993年成立的用来指导政府改革的"国家绩效评估委员会"，后更名为"重塑政府国家伙伴委员会"。②

新公共管理理论建立在公共选择理论、新制度经济学等经济管理理论基础之上，以理性人假设作为基本的逻辑起点，采用以工具理性思维方式为主导的方法论，以追求"3E"——经济（Economy）、效率（Efficiency）和效益（Effectiveness）为目标。所谓的"工具理性"，指政府在计划、决策等一系列过程中，仅关注行政的功能性的工具价值，而忽视公共管理的公共性价值的一种思维方式。③ 不过严格意义上来说，新公共管理更像是一个为方便起见而做的标签，是一种思潮在公共管理领域的体现。④⑤

新公共管理理论认为，可以在政府内部建立一种激励机制，形成一种竞争氛围，并辅之以结果为导向的绩效管理机制，这样理性人为了追求个人利益的最大化，会不断提升管理水平。新公共管理理论摆脱了传统的官僚体制以奉行"管理的规制导向"（通过规章制度规范行政人员的行为）的准则，强调公共管理的市场化，通过实行激励机制与结果导向的绩效评估（如实行绩效工资与合同雇佣制）来改善政府公共管理的质量与效率。通俗地讲，新政府管理就是要通过类似私营部门的运作模式与组织结构来完成对政府公共管理的重塑。

新公共管理理论提出了与传统的公共行政理论不同的管理模式，其理论核心主要体现在：一是强调公共管理的市场化。市场化的机制无疑会给传统的政府管理体制带来更多的竞争，这种竞争一方面可以

---

① 吉富星：《PPP模式的理论与政策》，中国财政经济出版社2017年版，第48页。
② 黄小勇：《新公共管理理论及其借鉴意义》，《中共中央党校学报》2004年第3期。
③ 何颖、李思然：《新公共管理理论方法论评析》，《中国行政管理》2014年第11期。
④ Hood C., "A public management for all seasons?", *Public Administration*, Vol. 69, No. 1, 1991, pp. 3-19.
⑤ 蓝志勇、陈国权：《当代西方公共管理前沿理论述评》，《公共管理学报》2007年第3期。

将私营部门的优秀管理技术（经验）转移到政府公共管理的过程中，打破公私部门的界限，改善政府服务的效率；另一方面，公共管理过程中的竞争可以增强组织队伍的活力，激发行政人员的创造性与主观能动性。二是强调公共管理的政治属性。作为公共管理者，应正视公共管理中存在的政策性行为及特定的政治环境，在加强内部管理的同时应树立"顾客"意识，处理好组织内部与外部的关系。三是引入以结果为导向的绩效管理评估体系。这种以结果为核心的控制机制，可以通过控制人的主观判断上的非理性因素来实现结果的公正性与客观性[1]。四是强调公共管理的服务性与民主化。在"服务行政"的新理念指导下，新公共管理理论开始关注公共管理与公民的关系，更加注重服务的本身与服务的评价，突出表现在顾客至上、服务至上等。

同时也应看到，新公共管理理论也存在一定的局限性。例如，该理论强调市场化，甚至将效率作为唯一的目标，这无疑在一定程度上弱化了政府管理的公共属性，这种"工具理性"的思维方式与公共行政的价值追求并不一致。此外，结果为导向的量化型绩效评价管理方法，过分注重"数字化"的管理绩效，也无法与社会公平、正义等普世的价值观兼顾。

二 PPP与新公共管理理论

PPP是公共部门与私人部门围绕公共产品或服务的供给，以契约为主要法律依据建立起来的一种风险共担、利益共享的长期关系。就PPP与新公共管理理论的关系而言，可以分为两个阶段：第一阶段（20世纪90年代），PPP被视作"提升政府管理公共基础设施供给水平的一种方式"，是一种新形式的治理[2]；第二阶段（2010年以后，或称作"后公共管理时代"），PPP被视为"能够使政府与私人代理

---

[1] 何颖、李思然：《新公共管理理论方法论评析》，《中国行政管理》2014年第11期。
[2] Kaul M., "The New Public Administration: Management Innovations in Government", *Public Administration and Development: The International Journal of Management Research and Practice*, Vol. 17, No. 1, 1997, pp. 13-26.

人在通常复杂的烦琐契约关系中合作机制的一部分"[1]，该理论机制又被称之为新公共治理理论。该理论强调21世纪公共管理不断增加的细分化与不确定性的本质这一现象，在该机制中，PPP被视作"通过复杂的状态—商业（state-business）链接网络提供基础设施服务的公共治理工具"。[2]

同时，PPP模式又有区别于新公共管理的自身特性，这主要表现在：（1）PPP项目通常交由SPV（Special Purpose Vehicle，特殊目的公司）来代理经营，而不是传统意义上的政府运作；（2）双主体供给公共产品；（3）兼顾效率与公平。这点与新公共管理理论倡导的效率至上的目标有所区别，PPP项目的政府付费机制在一定程度上保证了公平的实现。

第五节　本章小结

本章介绍了PPP的相关概念与理论。本章首先从PPP的概念与内涵入手总结了PPP的起源、PPP的定义、PPP的特征与PPP的分类，对PPP的内涵进行了较为深入地介绍；然后从公共产品供给理论、不完全契约理论、新公共管理理论等三个方面总结了PPP的相关理论，分析了不完全契约及新公共管理理论与PPP的关系，为后续章节的研究提供了坚实的理论基础。

---

[1] Greve, C., and G. Hodge. "Public-Private Partnerships and Public Governance Challenges", In S. P. Osborne, eds. *New Public Governance?: Emerging Perspectives on the Theory and Practice of Public Governance*, Abingdon, UK: Routledge, 2010, p. 149-162.

[2] Casady C. B., Eriksson K., Levitt R. E., et al., "(Re) defining Public-Private Partnerships (PPPs) in the New Public Governance (NPG) Paradigm: An Institutional Maturity Perspective", *Public Management Review*, Vol. 22, No. 2, 2020, pp. 161-183.

第三章 "一带一路"沿线国家 PPP 项目的发展现状和特征

第二章介绍了 PPP 模式的相关概念及理论，本章将基于世界银行 PPI 数据库分析"一带一路"沿线国家 PPP 项目的发展现状和特征。本章安排如下：第一节，通过数据可视化方式，从国家、区域及行业维度对"一带一路"沿线国家 PPP 项目的发展进行可视化分析；第二节则基于世界银行 PPI 数据库从 PPP 项目的时间趋势特征、区域特征等 4 个特征因素来总结"一带一路"沿线国家 PPP 项目的特征；第三节，分析目前"一带一路"沿线国家 PPP 项目存在的问题；最后是本章小结。

第一节 "一带一路"沿线国家 PPP 项目的发展现状

一 "一带一路"倡议与 PPP

自习近平主席 2013 年 9 月在哈萨克斯坦提出共建"丝绸之路经济带"及同年 10 月在印度尼西亚提出共同打造"21 世纪海上丝绸之路"以来，"一带一路"作为推动亚欧新型区域合作的国家倡议，是构建人类命运共同体和全球化发展的重要途径。2015 年 3 月，中国正式公布《推动共建丝绸之路经济带和 21 世纪海上丝绸之路的愿景与行动》，标志着"一带一路"建设开始进入具体实施阶段，[1]"一带一

---

[1] 时秀梅、孙梁：《"一带一路"中私人部门参与 PPP 项目的影响因素研究》，《财经问题研究》2017 年第 5 期。

路"旨在促进要素有序自由流动、资源高效配置及市场深度融合，推动并开展更大范围、更高水平、更深层次的国际合作，共同打造开放、包容、均衡、普惠的区域合作架构。[1][2]

"一带一路"合作涉及欧、亚、非等 65 个国家或地区，其中包括 49 个发展中国家，2018 年 GDP 总量 27.4 万亿美元，人口规模达 47 亿，占全球比重分别为 32%、62%[3]，显示出巨大的市场潜力。沿线各国地缘政治复杂，经济社会发展不均衡，普遍面临基础设施建设能力不足、管理和运营水平低下等问题，同时也具备人口红利和资源丰富等后发优势。[4] 习近平主席 2017 年在"一带一路"国际合作高峰论坛主旨演讲中强调"创新投资和融资模式，推广政府与社会资本合作"[5]。《"一带一路"国际合作高峰论坛圆桌峰会联合公报》中也明确指出，在推进"一带一路"建设过程中要"充分认识市场作用和企业主体地位，确保政府发挥适当作用"。[6] 可以预见，PPP 模式将成为"一带一路"参与国开展基础设施等项目建设国际合作的重要途径。

根据亚洲开发银行的预测，2016—2030 年亚洲区域的基础设施领域的资金缺口就高达 26.2 万亿美元，约合每年 1.7 万亿美元的资金缺口，[7] 靠亚洲开发银行、亚洲基础设施银行及发达国家 ODA（Offi-

---

[1] 刘卫东：《"一带一路"战略的科学内涵与科学问题》，《地理科学进展》2015 年第 5 期。

[2] 参见新华网《授权发布：推动共建丝绸之路经济带和 21 世纪海上丝绸之路的愿景与行动》，2015 年 3 月 28 日，http://www.xinhuanet.com/world/2015-03/28/c_1114793986.htm，2019 年 11 月 20 日。

[3] 文中数据系笔者根据国研网（http://www.drcnet.com.cn/www/int/）及世界银行数据库（https://data.worldbank.org.cn/）数据计算得到。

[4] 赵景华、陈新明：《"一带一路"沿线国家 PPP 投资现状、经验及对我国的借鉴启示》，《国际贸易》2017 年第 9 期。

[5] 参见新华网《习近平在"一带一路"国际合作高峰论坛开幕式上的演讲》，2017 年 5 月 14 日，http://www.xinhuanet.com/politics/2017-05/14/c_1120969677.htm，2019 年 11 月 20 日。

[6] 参见新华网《"一带一路"国际合作高峰论坛圆桌峰会联合公报（全文）》，2017 年 5 月 15 日，http://www.xinhuanet.com/world/2017-05/15/c_1120976819.htm，2019 年 11 月 20 日。

[7] Asian Development Bank, *Asian Development Outlook (ADO) 2017 Update: Sustaining Development Through Public-Private Partnership*, Asian Development Bank FLS179053-3, September 4, 2017.

cial Development Assistance，政府发展援助）等传统国际组织机构提供的国际贷款无法满足资金需求，需要通过多种手段拓宽融资渠道。PPP模式能够凝聚私人部门最宝贵的优势（目的性融资、有效地管理及充分的创新空间）来满足公共部门的要求，同时，PPP也可以作为机构投资者（保险基金与养老金）在基础设施领域投资的渠道，因而，PPP模式在增进政府与社会资本互动，为"一带一路"基础设施建设融资方面有较大潜力。

二 国家层面PPP的发展现状

世界银行PPI数据库记录了1990年至今世界各国PPP项目的建设情况，包括参与国、投资额、私人出资比例等详细指标。数据显示，在1990—2018年，累计有126个国家从事PPP项目建设，开展PPP项目10019个，投资总额为1.87万亿美元，从1990—2018年全球PPP项目数的分布情况来看，巴西、中国与印度成为全球PPP项目数最多的三个国家，PPP项目数分别为1862个、1739个与1161个。

从"一带一路"沿线国家PPP项目数与投资额来看，2008—2018年，"一带一路"45个沿线国家（具体国家名称见表3-1）参与PPP项目5584个，投资金额1.08万亿美元，投资项目数与投资金额分别占全球比重56%、58%，除中国外，其余44个国家参与PPP项目3845个，投资金额8731亿美元，分别占比69%、81%。其中，中国参与项目数1739个，投资金额2088亿美元，PPP项目数与投资金额占比分别为31%、19%[①]。

表3-1　　　　　　　　PPI数据库对地区的划分

地区	国家
东亚（11国）	中国、越南、马来西亚、泰国、柬埔寨、缅甸、印度尼西亚、老挝、蒙古国、菲律宾、东帝汶
南亚（8国）	阿富汗、孟加拉国、尼泊尔、不丹、印度、巴基斯坦、斯里兰卡、马尔代夫

① 数据通过世界银行PPI数据库（http://ppi.worldbank.org/）计算得到。

续表

地区	国家
中亚（4 国）	吉尔吉斯斯坦、塔吉克斯坦、哈萨克斯坦、乌兹别克斯坦
欧洲（14 国）	亚美尼亚、格鲁吉亚、摩尔多瓦、乌克兰、阿尔巴尼亚、阿塞拜疆、白俄罗斯、波黑、保加利亚、马其顿、黑山、罗马尼亚、俄罗斯、塞尔维亚
中东与北非（8 国）	埃及、伊拉克、伊朗、叙利亚、也门、约旦、黎巴嫩、土耳其

资料来源：世界银行 PPI 数据库（https://ppi.worldbank.org/en/ppi）。

为了直观表现 45 个"一带一路"沿线国家 PPP 项目的具体情况，图 3-1 和图 3-2 具体显示了项目数与投资额前十位的国家 PPP 项目的情况，这 10 个国家总计参与 4563 个项目，投资额达到 9565 亿美元，占相应指标比重分别为 82% 和 89%。其中，中国、印度、俄罗斯是项目数最多的三个国家，分别参与了 1739 个、1161 个、444 个 PPP 项目，印度、中国、土耳其为投资额最多的三个国家，投资额分别达到 2658 亿美元、2088 亿美元、1438 亿美元。

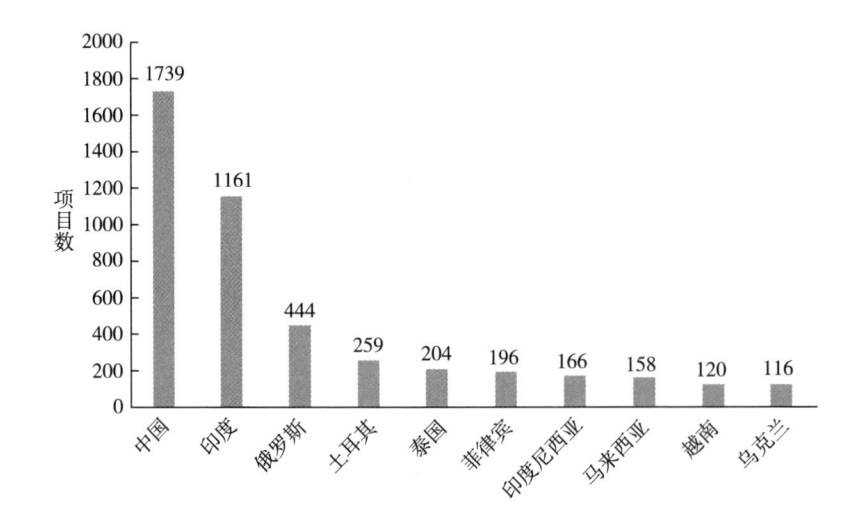

图 3-1 1990—2018 年"一带一路"沿线国家 PPP 项目数排名前 10 的国家分布

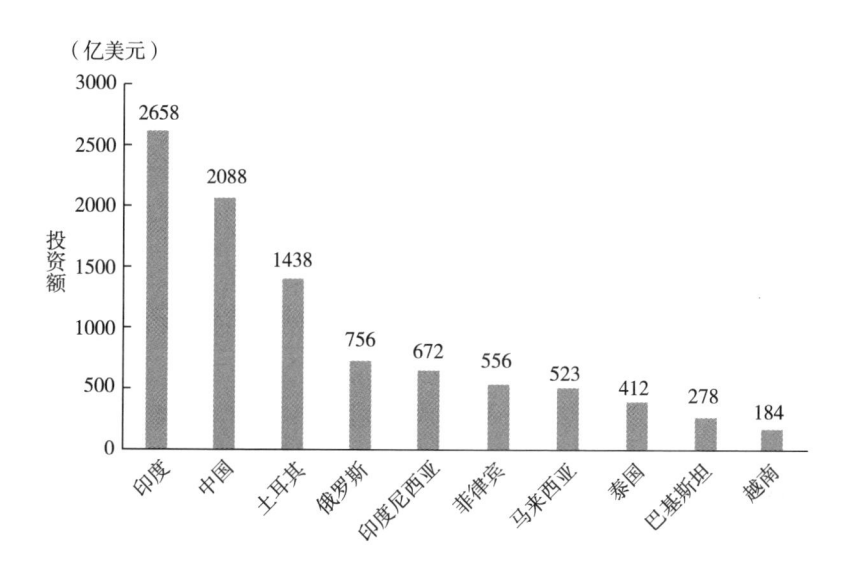

图 3-2　1990—2018 年"一带一路"沿线国家 PPP 项目投资额排名前 10 的国家分布

资料来源：世界银行 PPI 数据库（https://ppi.worldbank.org/en/ppi）。

三　区域层面 PPP 的发展现状

PPI 数据库将参与 PPP 项目的 45 个"一带一路"沿线国家划分为东亚、南亚、中亚、欧洲及中东与北非等 5 大区域（划分的具体情况见表 3-1）。从区域层面看，投资项目数排名前 10 位的国家中有 6 个位于东亚区域（中国、泰国、菲律宾、印度尼西亚、马来西亚、越南），1 个位于南亚区域（印度），2 个位于欧洲区域（俄罗斯、乌克兰），1 个位于中东与北非区域（土耳其），东亚区域成为 PPP 项目的主要集中区域；PPP 投资额排名前 10 位的国家与项目数除 1 国（巴基斯坦）不同，其余国家均相同，结合图 3-1 和图 3-2，无论是从项目数还是投资额，东亚是 PPP 项目的主要集聚区。同时，本章第二节总结了 1990—2018 年"一带一路"沿线国家所有 PPP 项目的区域特征（特征二），结论更加全面。

四　行业层面 PPP 的发展现状

世界银行 PPI 数据库将 PPP 项目划分为能源（Energy）、交通运输（Transport）、信息通信技术（ICT）、水处理（Water and Sewerage）

及城市固体废物（Municipal Solid Waste）等5个行业。

为了直观地显示"一带一路"主要沿线PPP项目的行业分布情况，本书同样绘制了PPP项目数排名前10位的国家的PPP的行业分布图，具体如图3-3所示，其中，E代表能源，T代表交通运输，W代表水处理，I代表信息通信技术，M代表城市固体废物。

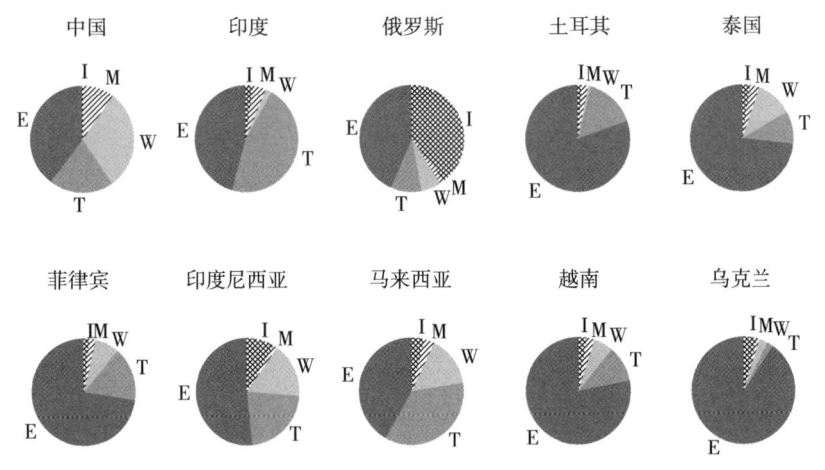

图3-3 "一带一路"沿线国家PPP项目数排名前10国家的行业分布
资料来源：世界银行PPI数据库（https://ppi.worldbank.org/en/ppi）。

从具体的行业分布来看，能源行业在所有10个国家均占据了较大比重，成为PPP最主要的类型，交通运输业PPP主要集中在印度、马来西亚、印度尼西亚、中国与菲律宾等5个国家，其他3个行业所占比重较低，值得一提的是，俄罗斯的PPP项目中，ICT所占比重较大，反映出该国在ICT行业的巨大需求。同时，本章第二节总结了"一带一路"沿线国家PPP项目行业特征（特征三）。

第二节 "一带一路"沿线国家PPP项目的特征

在前一小节，出于数据可视化的需要及结论的直观性，笔者从总体情况、区域及行业层面分析了"一带一路"沿线国家PPP项目数与投资额前10位的国家的PPP发展现状。在本小节,笔者将通过PPI数据库1990—2018年全样本数据分析总结"一带一路"沿线国家PPP项目的发展特征。本小节将分别从时间趋势、区域、行业、项目类型等方面展开分析。

特征一:"一带一路"沿线国家PPP项目在整个时间段波动性较大,阶段性明显(时间趋势特征)。

早在20世纪80年代,"一带一路"沿线国家已经在基础设施建设领域引入社会资本,开始PPP项目的合作。[①②] 近年来,随着全球化的推进,越来越多的国家参与到PPP项目的建设中来。"一带一路"倡议国家65个,1990—2018年共有45个国家参与5584个PPP项目的建设,共投资1.08万亿美元,每个项目投资约1.93亿美元。

从PPP项目投资额及私人投资额来看(见图3-4和图3-5),总体而言PPP项目的投资波动性较大,投资额在2010年达到峰值随后下降。

图3-4 1990—2018年"一带一路"沿线国家PPP项目投资额

资料来源:笔者根据PPI数据库相关数据,利用Python软件绘制得到。

[①] 1985年开始建设的深圳沙角B电厂是我国第一个PPP项目。
[②] 徐哲潇、杜国臣:《以PPP模式推动"一带一路"建设的思考》,《国际经济合作》2018年第10期。

（亿美元）

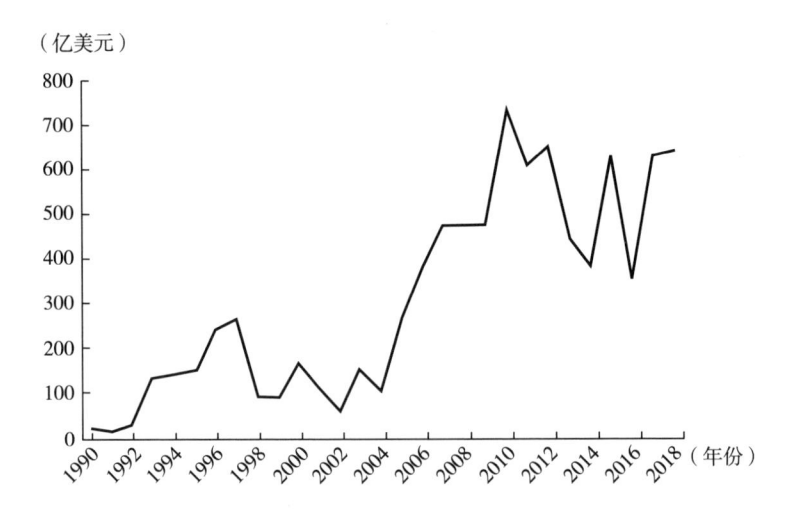

图3-5　1990—2018年"一带一路"沿线国家PPP项目私人投资额

资料来源：笔者根据PPI数据库相关数据，利用Python软件绘制得到。

如果以2010年为分界点，可以将其分为两个阶段，在2010年之前，PPP项目的投资额总体呈上升趋势，在2010年之后，PPP的投资额呈现跌势，2016年PPP投资额与私人投资额双双跌至谷底，2016年之后实现增长。

特征二："一带一路"沿线国家PPP项目投资的区域差异明显，投资以东亚与南亚为主，4个"领头羊"国家占据主导地位（区域特征）。

"一带一路"连接亚非欧三大洲，共覆盖65个国家，一般按照地理位置的分布并参照张述存的做法，可以划分为中东欧（19国）、西亚北非（19国）、中亚地区（5国）、东南亚地区（12国）、南亚地区（8国）、蒙俄（2国）等6个地区（各个国家所属地区如表3-2所示）。[①] 为了与后面章节的分析标准保持一致，本书按照PPI数据库的划分方式，根据PPI数据的可得性，1990—2018年共45个国家开展了PPP项目，详细情况如表3-1所示，后面对于PPP项目国家层面的分析则依据该划分标准进行。

---

① 张述存：《"一带一路"战略下优化中国对外直接投资布局的思路与对策》，《管理世界》2017年第4期。

表 3-2　　　　　　　"一带一路"沿线国家的地区分类

地区	国家
东南亚（12国）	中国、越南、老挝、柬埔寨、泰国、马来西亚、新加坡、印度尼西亚、文莱、菲律宾、缅甸、东帝汶
南亚（8国）	印度、巴基斯坦、孟加拉国、阿富汗、尼泊尔、不丹、斯里兰卡、马尔代夫
中亚（5国）	哈萨克斯坦、吉尔吉斯斯坦、塔吉克斯坦、乌兹别克斯坦、土库曼斯坦
中东欧（19国）	捷克、斯洛伐克、波兰、匈牙利、斯洛文尼亚、克罗地亚、罗马尼亚、保加利亚、塞尔维亚、黑山、马其顿、波黑、阿尔巴尼亚、爱沙尼亚、立陶宛、拉脱维亚、乌克兰、白俄罗斯、摩尔多瓦
西亚中东（19国）	土耳其、伊朗、叙利亚、伊拉克、阿联酋、沙特阿拉伯、卡塔尔、巴林、科威特、黎巴嫩、阿曼、也门、约旦、以色列、巴勒斯坦、亚美尼亚、格鲁吉亚、阿塞拜疆、埃及
蒙俄（2国）	蒙古国、俄罗斯

资料来源：参见张述存《"一带一路"战略下优化中国对外直接投资布局的思路与对策》，《管理世界》2017年第4期。

从统计数据看，1990—2018年"一带一路"沿线国家PPP项目合计5584个，投资金额1.08万亿美元。分地区来看：（1）东亚及南亚地区是PPP项目发展与投资最为密集的地区，开展PPP项目4153个，投资金额7753亿美元（见图3-6），两者占相应指标的比重分别达到74%和72%，显示出PPP项目在该地区具有广阔的市场空间。该地区以中国、印度为代表，两国开展PPP项目数分别为1739个、1161个，投资金额分别为2088亿美元、2658亿美元，两国的PPP项目及投资金额占比分别达到该地区的70%、61%，反映出两国在基础设施建设领域的巨大需求；（2）欧洲地区PPP的项目数及投资额居于东亚、南亚之后，PPP项目数为931个，不足1000个，PPP项目投资金额为1298亿美元。该地区以俄罗斯为代表，俄罗斯开展PPP项目451个，投资金额783亿美元，占该地区60%以上的份额；（3）中东北非地区是PPP项目发展及投资较为薄弱的地区，PPP项目数为405个，投资金额为1705亿美元，分别占比7%、16%。该地区以土耳其为代表，1990—2018年，土耳其开展PPP项目261个，投资金额达到 1439 亿美元；(4). 中亚地区是 PPP 项目投资最为薄弱的地区。中亚地区 PPP 投资项目仅有 95 个，投资金额 63 亿美元。

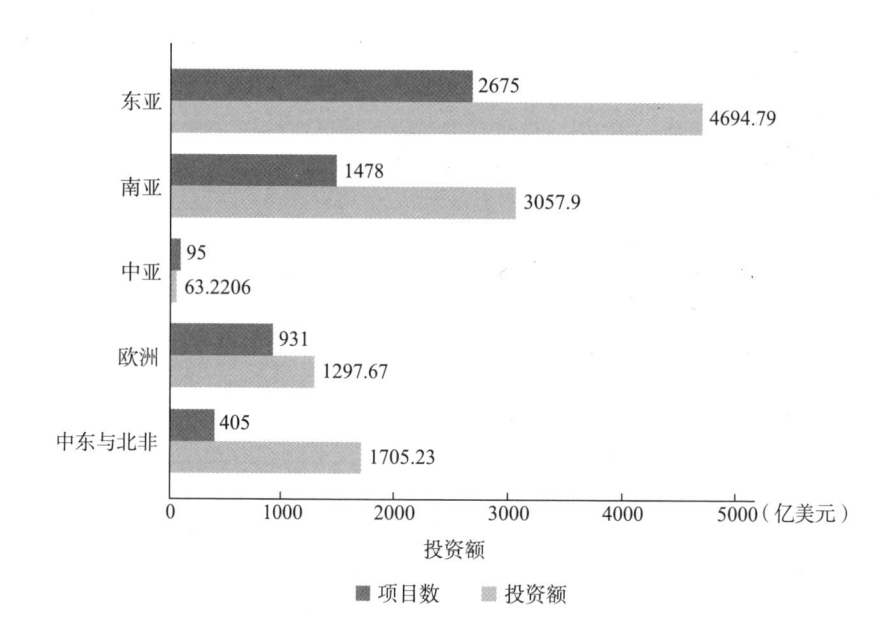

```
东亚      项目数 2675      投资额 4694.79
南亚      项目数 1478      投资额 3057.9
中亚      项目数 95        投资额 63.2206
欧洲      项目数 931       投资额 1297.67
中东与北非 项目数 405       投资额 1705.23
```

图 3-6　"一带一路"沿线国家分地区 PPP 项目数及投资额

资料来源：笔者根据世界银行 PPI 数据库利用 Stata 软件绘制得到。

除中亚地区外，每个地区都有所谓 PPP 项目的"领头羊"，并且该"领头羊"均为新兴市场国家。①② 其中，东亚地区以中国为代表，南亚地区以印度为代表，欧洲地区以俄罗斯为代表，中东北非地区以土耳其为代表。各领头羊国家 PPP 项目、金额数及所占项目总数、投资金额的比重如表 3-3 所示。总体而言，超过 60% 的 PPP 项目在 4 个"领头羊"国家开展，并且贡献了超过 60% 的投资份额。就 PPP 项目数而言，中国 PPP 项目数为 1739 个，领先于其他国家（就世界

---

① 胡必亮、唐幸、殷琳、刘倩：《新兴市场国家的综合测度与发展前景》，《中国社会科学》2018 年第 10 期。
② 胡必亮等（2018）从投资与经济增长的角度，认为巴西、智利、中国、哥伦比亚、埃及、印度、印度尼西亚、马来西亚、墨西哥、秘鲁、菲律宾、波兰、俄罗斯、南非、泰国、土耳其等 16 国属于较为典型的新兴市场国家，该结果获得七成以上研究机构的认可。

第三章 "一带一路"沿线国家PPP项目的发展现状和特征 | 55

层面而言，仅次于巴西①）。从投资金额看，印度的PPP项目投资金额为2658亿美元，占比超过20%，高于其他国家。此外，从单个项目的投资额度来看，土耳其（5.5亿美元）领先于其他国家。

表3-3　　　　　　"领头羊"国家的PPP项目指标

"领头羊"国家	所属地区	项目数（个）	占一带一路项目数比例	投资金额（亿美元）	占一带一路投资额比例
中国	东亚	1739	31%	2088	19%
印度	南亚	1161	21%	2658	25%
俄罗斯	欧洲	451	8%	783	7%
土耳其	中东北非	261	5%	1439	13%

资料来源：笔者根据世界银行PPI数据库利用Stata软件绘制得到。

特征三："一带一路"沿线国家PPP项目主要集中在能源与交通运输行业，信息与通信技术与城市固体废物行业比重较小（行业特征）。

世界银行PPI数据库将PPP项目分为五个行业，分别为能源行业（Energy）、交通行业（Transport）、信息通信技术（ICT）行业、水处理（Water and Sewerage）行业②及城市固体废物行业（Municipal Solid Waste）。

分行业来看，PPP建设主要集中在能源与交通行业，能源行业PPP项目数及投资金额最多，交通行业次之。能源行业细分为电力与天然气两个分行业，该行业具有收入稳定、回报率高及运营风险较低的特点，对社会资本具有较强的吸引力。③ 截至2018年，能源行业共

---

① 巴西PPP投资项目1862个，投资金额4028亿美元；中国PPP投资项目1739个，投资金额2088亿美元。
② 同时，数据库对行业大类进行了细分，具体来看：能源行业细分为电力与天然气两个分行业，交通行业细分为机场、铁路、道路及港口等四个分行业，水处理行业细分为水利用与污水处理两个分行业，信息通信技术行业仅有电信一个分行业。
③ 徐哲潇、杜国臣：《以PPP模式推动"一带一路"建设的思考》，《国际经济合作》2018年第10期。

开展 PPP 项目 2984 个，投资金额 5805 亿美元，投资占比为 54%，也就是说有一半以上的资金用于能源类 PPP 项目的建设。在交通行业，绝大部分交通基础设施都是交通网络的组成部分，需要政府机构长期规划。在很大程度上，这些交通设施客观的服务标准是可界定可实施的，因此质量是可以合同化的，PPP 因而成为最佳的组织形式。在欧洲、美国及发展中国家，高速公路建设是采用 PPP 模式最广泛的基础设施领域。根据图 3-7，交通行业开展 PPP 项目 1235 个，投资金额 3757 亿美元，分别占比 22%、35%。可以看到，能源与交通行业是"一带一路"沿线国家 PPP 项目的主要推动力。

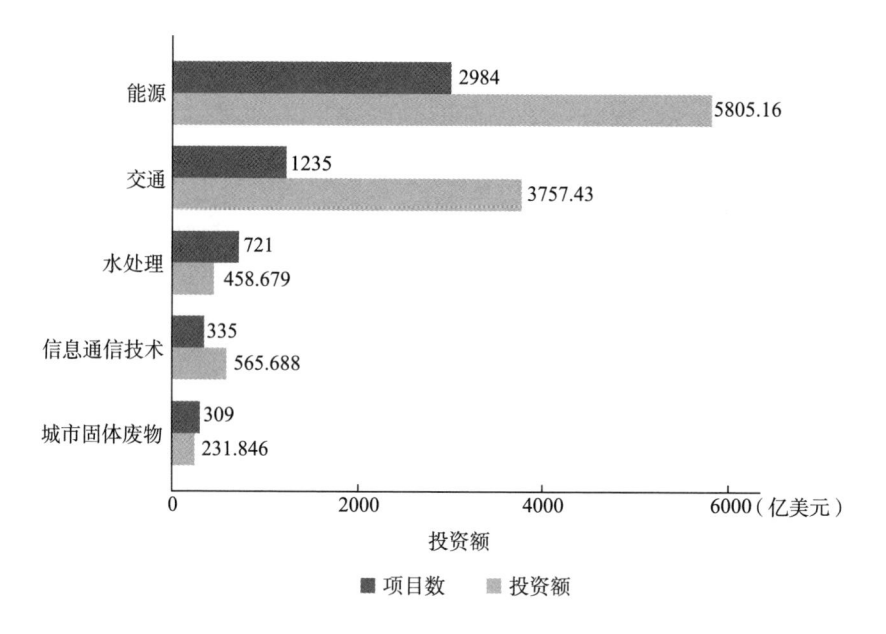

图 3-7　"一带一路"沿线国家分行业 PPP 项目数及投资额

资料来源：笔者根据世界银行 PPI 数据库利用 Stata 软件绘制得到。

水处理行业投资额所占比重低于交通与能源行业 PPP 项目（4.2%），这与该行业投资回报率低、公有化程度较高有一定的关系。信息通信技术（ICT）行业的 PPP 项目为 335 个，投资金额为 566 亿美元，占比分别为 6%、5.2%，低于能源、交通及水处理行业 PPP。

根据世界经济论坛①发布的《2019年全球竞争力报告》,"一带一路"沿线国家的信息通信技术普及度(ICT adoption)得分除少数国家或地区外②(多数为西亚、东欧国家),多数得分在70分以下,全球排名在30名之后,这表明该地区信息通信技术需求潜力较大,还有较大的公共设施投资需求,可以预见将来该地区的PPP项目会逐渐增多。城市固体废物行业属于新兴PPP行业,是PPI项目库新加入的行业类别,项目数及投资金额在所有行业中份额最低。

特征四:"一带一路"沿线国家PPP项目覆盖全部的PPP类型,并以BOT(建设—运营—转移)与BOO(建设—拥有—运营)类型为主(项目类型特征)。

按照European Commission③、Percoco④的做法,表2-1将PPP类型划分为4大类(管理与租赁合约、特许经营权、绿地项目及私有化)及12个细分小类⑤。从PPP的类型来看,"一带一路"沿线国家的PPP项目涵盖了所有12个种类的项目(见图3-8),其中,BOT(建设—运营—转移)类型的项目数与投资金额分别为1848个、4041亿美元,占比分别为33%、37%,是"一带一路"沿线国家基础设施建设最广泛采用的PPP模式。

BOT模式要求私营部门在特定的时期内融资、设计、建设、经营与维护特定的公共设施,私营部门可以通过为政府提供服务获得收费

---

① Klaus Schwab, *The Global Competitiveness Report* 2019, World Economic Forum, October 8, 2019.
② 国家或地区排名包括:阿联酋(2)、新加坡(5)、卡塔尔(8)、立陶宛(12)、拉脱维亚(15)、爱沙尼亚(16)、中国(18)、俄罗斯(22)、文莱(26)、保加利亚(30)。
③ The European Commission, Guidance for Successful PPP, European Commission, March, 2003.
④ Percoco, Marco, "Quality of Institutions and Private Participation in Transport Infrastructure Investment: Evidence from Developing Countries", Transportation Research Part A: Policy and Practice, Vol. 70, 2014.
⑤ (1)合约:管理合约、租赁合约;(2)特许经营权:改造—运营—转移(ROT)、改造—租赁—转移(RLT)、建设—改造—运营—转移(BROT);(3)绿地项目:建设—租赁—转移(BLT)、建设—运营—转移(BOT)、建设—拥有—运营(BOO)、商业化、租借;(4)私有化:完全私有、部分私有。

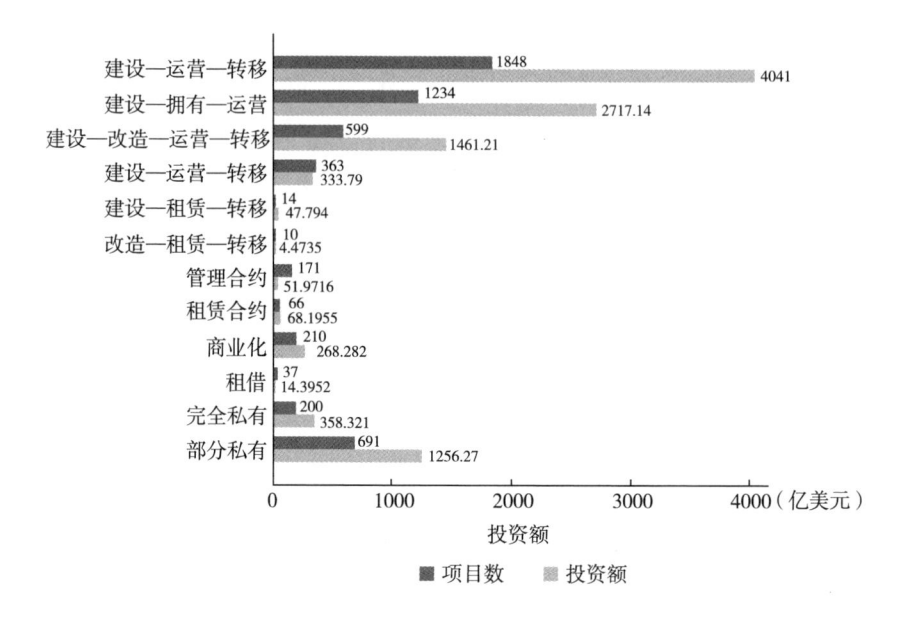

图 3-8 "一带一路"沿线国家 PPP 项目类型的分布

资料来源：笔者根据世界银行 PPI 数据库利用 Stata 软件绘制得到。

权，或直接向客户收费来作为回报。[①] BOT 项目的租借期限一般为 15—30 年，之后私营部门将资产转移给政府。BOO（建设—拥有—运营）项目的项目数及投资金额仅次于 BOT 类型，项目数与投资金额分别为 1234 亿美元、2717 亿美元，所占比例分别为 22%、25%。BOO 类型由私人建设、运营新项目，拥有项目资产的所有权，承担全部风险，而政府部门以长期合约的形式向私人部门提供收益保障。

格里姆塞和刘易斯[②]认为，BOT 与 BOO 类型的 PPP 的优势在于：（1）能有效发挥私营部门的管理优势，能够有效利用私营部门的管理制度，提高项目运营效率；（2）该类模式通常不会涉及基础设施主要部分的重建，新建设施可以添加到现有网络；（3）建设方案可以快速实施并能提供重要的学习经验，尤其是在管理和法律尚未健全的国家

---

① ［英］达霖·格里姆塞、［澳］刘易斯：《PPP 革命：公共服务中的政府和社会资本合作》，济邦咨询公司译，中国人民大学出版社 2016 年版，第 240 页。
② ［英］达霖·格里姆塞、［澳］刘易斯：《PPP 革命：公共服务中的政府和社会资本合作》，济邦咨询公司译，中国人民大学出版社 2016 年版，第 240 页。

及新兴资本市场。由此可见，BOT 与 BOO 类型的 PPP 在有效利用私人管理水平，提升项目运营效率方面具有独特的优势，受到"一带一路"沿线发展中国家 PPP 项目的青睐。

第三节 "一带一路"沿线国家PPP 项目存在的问题

"一带一路"在推进的过程中，基础设施建设面临巨大的资金缺口问题。据亚洲开发银行的估计，未来 15 年仅亚洲区域基础设施资金缺口就高达 26.5 万亿美元。在 PPP 模式下，公私部门可以通过签订合约的方式以相对较低的成本获得公共产品或服务，同时，鉴于 PPP 模式投资的基础设施往往具有投资数额高、项目周期长及不确定性大的特点，[1]"一带一路"沿线国家 PPP 项目在实施的过程中存在一系列问题，主要表现在以下方面。

（1）投资回报率较低，不确定性较大。对国内企业而言，能否创造稳定的投资回报率是 PPP 模式在"一带一路"推进过程中遇到的最大挑战。"一带一路"沿线包括 49 个发展中国家，多数国家发展水平落后，基础设施薄弱，配套法律法规不完善。PPP 基础设施投资规模大、期限长，资金周转慢，存在较大的不确定性，难以提供稳定的投资回报预期。

（2）多边金融机构对 PPP 项目的支持力度有限，增加了私人参与的风险。多边金融机构的支持能够分散私人投资的风险，是决定私人资本参与的重要因素。[2][3] 根据 PPI 数据库，本书绘制了 2008—2018 年"一带一路"沿线国家 PPP 项目接受多边机构融资支持的份

---

[1] 郭菲菲、黄承锋：《PPP 模式存在的问题及对策——基于"一带一路"沿线国家的分析》，《重庆交通大学学报（社会科学版）》2016 年第 5 期。

[2] 罗煜、王芳、陈熙：《制度质量和国际金融机构如何影响 PPP 项目的成效——基于"一带一路"46 国经验数据的研究》，《金融研究》2017 年第 4 期。

[3] 杨丽花、王喆：《私人资本参与 PPP 项目的影响因素分析——基于亚投行背景下的经验分析》，《亚太经济》2018 年第 11 期。

额图（图 3-9），融资比例数据显示，份额最大的能源与 ICT 行业仅有 15% 左右的项目得到了多边金融机构的融资支持，其他行业的融资比例均不足 5%，多边金融机构对 PPP 的支持薄弱。

能源 15.2% / 84.8%

交通运输 1.5% / 98.5%

水处理 1.9% / 98.1%

城市固体废物 3.6% / 96.4%

信息通信技术 15.8% / 84.2%

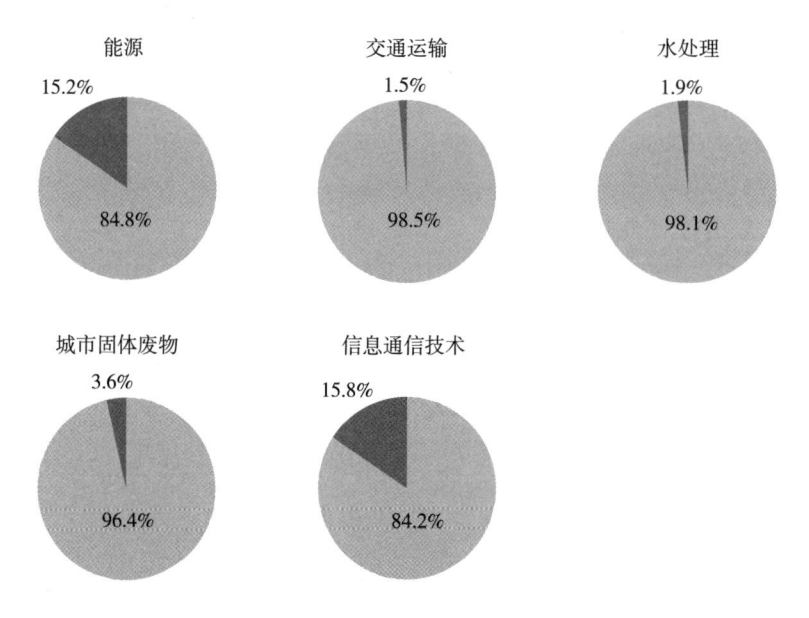

图 3-9　2008—2018 年 "一带一路" 沿线国家分行业 PPP 项目多边机构融资比例

资料来源：笔者根据 PPI 数据库相关数据，利用 Python 软件绘制得到①。

（3）私人对 PPP 项目的所有权份额普遍较高。PPP 是公共部门与私人部门之间的一种经营合作关系，双方基于自身的项目经验，通过资源分配、风险分担及利益共享机制以满足公共产品或服务需求，风险分担是 PPP 模式的重要特征，但是，从 PPI 数据库 2008—2018 年分行业私人对项目所有权份额来看，能源 PPP 项目有高达 92.4% 的项目是私人完全所有的，在交通运输行业这一比例为 87.5%，在 ICT 行业最低，为 63.2%，详情如图 3-10 所示。

---

① 能源行业有 15.2% 的项目得到了多边机构融资支持，交通运输行业有 1.5% 的项目得到了多边机构融资支持，水处理项目有 1.9% 的项目得到了多边机构融资支持，城市固体废物行业有 3.6% 的项目得到了多边机构融资支持，信息通信技术行业有 15.8% 的项目得到了多边机构融资支持。

（4）地缘政治环境复杂，政治风险突出。"一带一路"沿线国家政治体制多元化、政权更迭与交替频繁，政策稳定性与连续性较低，政治环境复杂，由于PPP项目的建设与运营周期较长，通常会面临巨大的政治风险。

能源 7.6% / 92.4%
交通运输 12.5% / 87.5%
水处理 13.8% / 86.2%
城市固体废物 8.6% / 91.4%
信息通信技术 36.8% / 63.2%

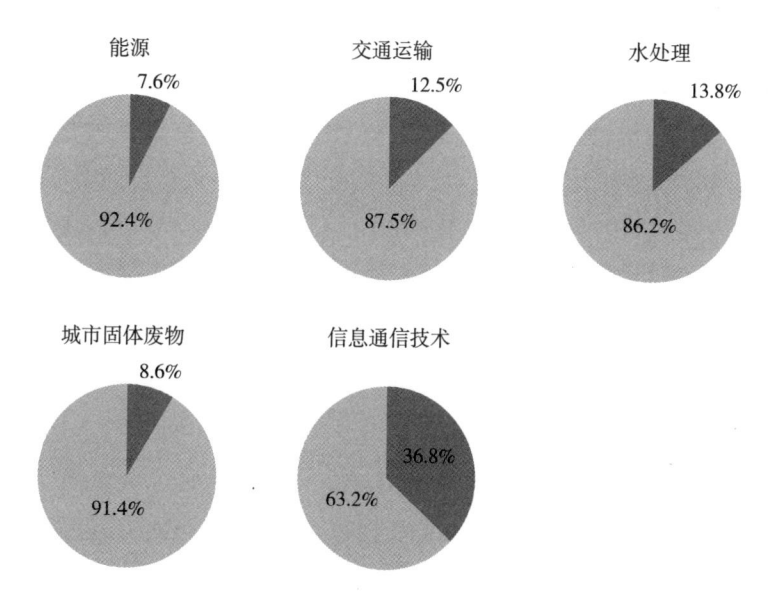

图3-10　2008—2018年"一带一路"沿线国家
分行业PPP项目私人所有份额

资料来源：笔者根据PPI数据库相关数据，利用Python软件绘制得到①。

（5）法律制度差异化明显，法律风险始终存在。"一带一路"沿线国家的法律制度涵盖大陆法系、英美法系与伊斯兰法系，法律制度差异性明显，PPP项目从立项、招投标到合同实施及运营管理涉及诸多法律问题，因而做好法律查明是企业投资前的重要步骤，否则会导致未预期的风险损失。此外，在PPP实施过程中还存在市场风险、金融风险等其他风险，在此不赘述。

---

① 在每个行业中PPP项目分为私人完全投资的项目与私人不完全投资的项目。其中，能源行业私人完全投资的项目数占总项目数的比重为92.4%，交通运输业私人完全投资的项目数占总项目数的比重为87.5%，而水处理行业该比重为86.2%，城市固体废物行业该比重为91.4%，信息通信技术行业该比重为63.2%。

第四节 本章小结

相较于第一章的文献综述及第二章的理论梳理，本章是"一带一路"沿线国家PPP项目效率的研究起点，主要基于数据可视化的方式分析了"一带一路"沿线国家PPP项目的发展现状与特征，总结了PPP项目包括时间趋势特征、区域及行业特征在内的特征性因素，随后，本章分析了PPP项目现阶段存在的问题，包括投资不确定性大、多边金融机构支持不足、私人所有权份额过高及政治与法律风险问题，这些问题的存在为后续研究的展开提供了思路。

第四章　PPP与传统采购效率的比较：基于捆绑效应的微观机制研究

在传统的采购中，政府选择私人部门设计与建设公共项目，在项目的融资完成后，政府可以选择自己管理与运营该项目或者将项目外包给运营商，PPP则是将基础设施的建设、运营及维护捆绑打包后交由SPV（Special Purpose Vehicle，特殊目的公司）来执行。作为新成立的法律实体，SPV用来执行PPP项目的整个流程的运作。

现有对PPP的研究指出，PPP可以帮助政府更有效地提供基础设施。[①] 恩格尔等[②]认为，PPP项目通过将基础设施的建设、运营和维护捆绑打包，会提高项目的效率。传统的政府供给模式下，承建企业会按照设计特点尽量降低成本，而在PPP模式下，私人企业要降低包括建设、运营及维护成本在内的整个项目生命周期的总成本。Hart、Shleifer和Vishny[③]认为，在服务质量可合同化的情况下，由于特许经营者可以在不降低服务质量的情况下将生命周期的成本内部化，PPP模式要优于传统的供给方式。从建设投资可以降低维护及运营成本的角度来看，PPP模式可以带来效率收益。

此外，PPP模式比传统的供给方式具有更强的激励。在传统的政

[①] Hart O., "Incomplete Contracts and Public Ownership: Remarks, and an Application to Public-private Partnerships", *The Economic Journal*, 2003, Vol. 113, No. 486, 2003, pp. C69-C76.

[②] ［智］爱德华多·恩格尔、［智］罗纳德·费希尔、［智］亚历山大·加莱托维奇：《政府与社会资本合作模式经济学：基本指南》，邱立成等译，机械工业出版社2017年版，第14页。

[③] Hart O., Shleifer A., Vishny R. W., "The Proper Scope of Government: Theory and an Application to Prisons", *The Quarterly Journal of Economics*, Vol. 112, No. 4, 1997, pp. 1127-1161.

府供给模式下，由于启动新项目比维护现有基础设施对于政府官员更有吸引力，导致绝大多数政府在日常维护上投入过少，而在新项目或项目重建上投入过多，而在 PPP 模式下，明确并实施质量标准并充分维护基础设施对于特许经营者而言通常是最优的选择。

本章将从捆绑效应（binding effect）这一微观机制入手对 PPP 模式与传统采购模式的效率进行比较。首先，在修正的 Lee 和 Kim[①] 与 Iossa 和 Martimort[②] 模型基础上，本书从风险中性的委托人与代理人的假设出发构建一个"委托—代理"模型，通过求解福利最大化模型，从社会福利的角度比较 PPP 模式与传统模式的福利大小，理论模型表明 PPP 相较于传统采购实现了效率的改进，这种改进是源于捆绑效应；接下来，本书利用"一带一路"沿线国家 PPP 项目的数据，通过构建 Probit 实证模型验证捆绑效应的存在性。

第一节　基于捆绑效应的"委托—代理"模型

一　基本设定

政府 G 要建设公共基础实施，假设过程包括设计、建设与运营 3 个阶段。模型假定：（1）私人建设公司 A 负责设计与建设的工作，私人运营商 B 负责运营阶段的工作；（2）模型的折现率为 0；（3）整个项目的经济利益（P）受 A 在建设阶段的努力程度（e）影响，其中，努力程度是 A 的私人信息；（4）项目（服务）经济利益 P 的随机性。即便可以预测得到合理的使用者的信心水平，但是经济利益依然会受到诸如替代性服务、用户需求改变及宏观经济条件改变的影

[①] Lee H, Kim K. "Traditional Procurement Versus Public-Private Partnership: A Comparison of Procurement Modalities Focusing on Bundling Contract Effects", Asian Development Bank Economics Working Paper Series, No. 560, 2018.

[②] Iossa E., Martimort D., "The Simple Microeconomics of Public-Private Partnerships", Journal of Public Economic Theory, Vol. 17, No. 1, 2015.

响；(5) 项目的经济利益 P 的不可记录性。项目的经济利益 P 在运营阶段结束后能够被政府 G 与建设公司 A 观察得到（根据观察的结果进行付费）。G 只能证明经济利益是否大于之前制定的标准，但是无法知晓 P 的确切数值。Lee 和 Kim[①]指出，经济利益的这种不可记录性假定在现实中是较为常见的做法，例如，道路或桥梁工程的收益无法准确测量，只能测量诸如单位时间客流量等指标，这些指标能够间接反映道路质量的信息。(6) 质量增加型努力为 q，努力水平 q 的增加会产生负效用 $u(q)$；成本节约型努力为 c[②]，同样地，努力水平 c 的增加会产生负效用 $u(c)$。根据以上假定，可以将公共基础设施的经济利益写为：

$$P = P_0 + \alpha q + \mu, \mu \sim N(0, \textstyle\sum) \tag{4-1}$$

其中，$\alpha>0$，为参数；μ 为随机扰动项，服从正态分布，这意味着 P 的不可记录性。

建设成本（CSC）的设定。CSC 受成本节约型努力 c 的影响，在工程质量不变的情况下，c 的增加会减少公司 A 的建设成本，同时会产生负效用 $u_A(c)$。质量增加型努力水平 q 一方面会提升工程的质量水平，另一方面，建设成本 $\phi(q)$ 也会增加，并且会增加负效用 $u_A(q)$，如果假定基本的建设成本为 CSC_0，可以得到公司 A 的建设成本：

$$CSC = CSC_0 - \beta c + \phi(q) \tag{4-2}$$

其中，$\beta>0$，为参数。

运营成本（OPC）的设定。运营成本 OPC 受建设阶段 A 公司的质量增加型努力水平 q 与成本节约型努力水平 c 的影响。如果满足如下条件：(1) 假定建设阶段的成本节约型努力水平 c 增加，运营阶段需要更多的运营成本 $C_A(c)$。也就是说，在给定工程质量水平的情形下，

---

① Lee H, Kim K. "Traditional Procurement Versus Public-Private Partnership: A Comparison of Procurement Modalities Focusing on Bundling Contract Effects", Asian Development Bank Economics Working Paper Series, No. 560, 2018.

② 质量增加型努力指为使项目质量增加付出的努力水平；成本节约型努力指为使得成本下降付出的努力水平。

若建设阶段更节约，那么运营阶段为维持相同的质量水平需要更多的运营成本。(2) 在建设阶段，质量增加型努力水平 q 可能会增加运营成本 OPC，也可能使之减少。这是因为一方面，更好的质量有时需要更高的成本来保持这一质量水平，另一方面，更好的质量体现为更高的技术水平，这样会节省成本。Iossa 和 Martimort① 将前一种现象称之为正外部性，将后一种现象称之为负外部性。如果将外部性参数记为 θ，那么 $\theta>0$（正外部性）意味着随着质量增加型努力水平 q 的增加，运营成本 OPC 增加，反之如果 $\theta<0$（负外部性）意味着随着质量增加型努力水平 q 的增加，运营成本 OPC 减少。(3) 基本的运营成本为 OPC_0，那么运营成本可以表示为：

$$OPC = OPC_0 + C_A(c) + \theta C_B(q) \tag{4-3}$$

成本函数与负效用函数的设定。为保证最优解的存在性与唯一性，需要施加约束条件，以保证成本最小化。约束条件如下：

(1) 建设阶段成本 $\phi(q)$：$\phi'(q)>0$，$\phi''(q)>0$，$\lim_{q\to 0}\phi'(q)=0$，$\lim_{q\to\infty}\phi''(q)=\infty$。

(2) 运营阶段成本 $C_A(c)$，$C_A(q)$：$C'_A(c)>0$，$C''_A(c)>0$，$\lim_{c\to 0}C'_A(c)=0$，$\lim_{c\to\infty}C''_A(c)=\infty$；$\theta C'_A(q)>0$，$\theta C'_B(q)>0$，$\lim_{q\to 0}\lambda C'_A(q)=0$，$\lim_{q\to\infty}\theta C'_B(q)=\infty$。

(3) 负效用函数 $u(c)$ 与 $u(q)$：$u'_A(c)>0$，$u''_A(c)>0$，$\lim_{c\to 0}u'_A(c)=0$，$\lim_{c\to\infty}u'_A(c)=\infty$；$u'_A(q)>0$，$u''_A(q)>0$，$\lim_{q\to 0}u'_A(q)=0$，$\lim_{q\to\infty}u'_A(q)=\infty$。

二　帕累托最优的条件

根据以上设定，由社会净剩余最大化，可以得到帕累托最优条件下的目标函数如下：

$$\mathop{\mathrm{argmax}}_{c,q} E[P - CSC - OPC - u_A(c) - u_A(q)]$$
$$= \mathop{\mathrm{argmax}}_{c,q} P_0 + \alpha q - CSC_0 + \beta c - \phi(q) - OPC_0 - C_A(c) - \theta C_A(q) - u_A(c) - u_A(q) \tag{4-4}$$

---

① Iossa E., Martimort D., "The Simple Microeconomics of Public-Private Partnerships", Journal of Public Economic Theory, Vol. 17, No. 1, 2015.

从（4-4）式可以看到，目标函数包括社会利益 P 与社会成本，其中包括建设成本 CSC、运营成本 OPC 及负效用 $u_A(c)$ 与 $u_A(q)$，接下来对给定的目标函数求解最优化问题，在满足前面的假定条件下，通过一阶条件得到：

$$\frac{\partial E(\cdot)}{\partial c}=\beta-C_A(c^*)-u'_A(c^*)=0 \qquad (4-5)$$

$$\frac{\partial E(\cdot)}{\partial q}=\alpha-\phi'(q^*)-\theta C'_B(q^*)-u'_A(q^*)=0 \qquad (4-6)$$

那么，式（4-4）至（4-6）构成了帕累托最优的条件。具体来看：（1）社会最优的 c 的决定式（4-5），意味着在社会最优的条件下，建设成本减少（CSC）带来的社会边际成本的减少应等于 CSC 减少带来的边际收益的增加。进一步说，当建设公司 A 增加成本节约型努力水平 c 时，会使得 A 公司的负效用 $u_A(c)$ 与对应的运营成本 $C_A(c)$ 增加，在社会最优时，边际收益（β）与边际成本（包括运营的边际成本与负效用）应相等；（2）社会最优的 q 的决定式（4-6），意味着帕累托最优条件下，增加社会收益 P 的边际收益（等于 α）与边际成本相等。当质量增加型努力水平 q 增加时，社会成本会增加，其中包括建设成本、运营成本 $\theta C_B(q)$ 与带来的负效用 $u_A(q)$ 的增加。在社会最优的条件下，意味着 q 的增加带来的边际收益应等于边际成本。

上面讨论了社会最优条件下的努力水平的最优值 c^*、q^*，然而，在实际中，由于参与主体的利益冲突问题的存在，实际的 c 与 q 往往会偏离最优值，接下来分别讨论在传统的采购模式下与 PPP 契约模式下的最优化问题。

三 传统采购模式

在传统的采购模式下，假定当 $P>P_0$，政府 G 会对建设公司 A 支付费用 T_A，那么对于 A 公司而言，关于 c、q 的最优化问题可以表述为：

$$\underset{c,q}{\mathrm{argmax}}\ \pi_T=T_A-CSC_0+\beta c-\phi(q)-u_A(c)-u_A(q) \qquad (4-7)$$

在满足前面的假定条件下，传统采购模式的 c_T、q_T 满足的一阶条件如下：

$$\frac{\partial \pi_T}{\partial c} = \beta - u'_A(c_T) = 0 \quad (4-8)$$

$$\frac{\partial \pi_T}{\partial q} = -\phi'(q_T) - u'_A(q_T) = 0 \quad (4-9)$$

式（4-8）至式（4-9）决定了传统采购模式下 A 公司的成本节约型努力水平 c_T 与质量增加型努力水平 q_T。从式（4-8）来看，当 c 增加 1 单位时，A 的边际收益为 β，而 A 在传统采购模式下的边际成本为 $u'_A(c)$，而不是 $u'_A(c) + C'_A(c)$，这是由于在传统采购模式下 A 公司无须考虑运营商 B 的运营成本，因而会忽略 $C'_A(c)$，这样使得 $c_T > c^*$，而在社会福利最大化的情形下，当增加成本节约型努力水平 c 时，需要考虑带来的运营成本的增加。因而，在传统采购模式下，由于不用考虑成本增加努力 c 带来的运营成本的增加，A 会选择 $c_T > c^*$。

接下来看式（4-9），该式决定了传统采购模式下的质量努力水平 q_T，当 q 增加 1 单位时社会收益 P 会增加 α 单位，然而在传统模式下 A 公司只能获得固定单位的补偿 T_A，该补偿与 P 无关（也就是边际收益增量为 0），然而 A 公司需要承担建设的边际成本 $\phi'(q) + u'_A(q)$，那么在该情形下 A 公司会选择质量努力水平 $q_T = 0$，显然有 $q_T = 0 < q^*$。因而，在传统采购模式下，由于 A 公司未能获得足够的"努力"激励，会选择 $q_T = 0 < q^*$。

可以看到，在传统采购模式下，质量 q_T 与成本节约 c_T 的努力水平偏离了社会最优水平，具体来说，成本节约型努力水平 c_T 过度增加，而质量努力水平 q_T 过度减少。下面考虑 PPP 模式下两种努力水平的选择问题。

四 PPP 模式

在 PPP 模式下，政府 G 与私人部门 S 签订合约，由 S 负责建设与运营项目。在典型的 BOT（建设—运营—转移）项目中，由私人部门 S 建设、运营新项目，并在合约结束后，将项目所有权转移至政府部门，私人部门 S 会收到使用费 R，使用费取决于使用者的数量 N，那么可以将使用费数额 R 表示为函数 $R = f(N)$，R 满足 $R' > 0$。同时使用

第四章 PPP 与传统采购效率的比较：基于捆绑效应的微观机制研究 | 69

者的数量 N 与质量水平 q 相关，即 $N=N(q)$，那么 $R=f(N(q))$，并且满足 $N'(q)>0$，$N''(q)<0$，也就是 $N(q)$ 是凹函数。

在 PPP 模式下，私人部门 S 负责建设与运营，此时最优化条件下 S 选择的 c 与 q 应该考虑收益 R、建设与运营成本及两种努力水平产生的负效用，PPP 模式下 S 的最优化问题表示为：

$$\underset{a,e}{\operatorname{argmax}} \pi_P = R - CSC_0 + \beta c - \phi(q) - OPC_0 - C_A(c) - \theta C_B(q) - u_A(c) - u_A(q) \tag{4-10}$$

同时，c_P 与 q_P 应满足的一阶条件如下：

$$\frac{\partial \pi_P}{\partial c} = \beta - C'_A(c_P) - u'_A(c_P) = 0 \tag{4-11}$$

$$\frac{\partial \pi_P}{\partial q} = \frac{\partial R}{\partial q} - \phi'(q_P) - \theta C'_B(q_P) - u'_A(q_P) = f' \cdot N'(q_P) - \phi'(q_P) - \theta C'_B(q_P) - u'_A(q_P) = 0 \tag{4-12}$$

那么式（4-11）至式（4-12）构成了 PPP 模式下 S 部门选择 c 与 q 的最优条件，下面比较 PPP 模式与社会最优条件、传统采购模式下的努力水平（c、q）的选择问题。

从式（4-11）来看，此时一阶条件与社会最优条件下的 c^* 满足的条件一致，即 $c_P = c^*$，也就是说此时成本节约型努力水平与社会最优时的努力水平相同。PPP 模式下私人部门 S 选择的 c 是社会最优水平，与之对应地，传统采购模式下的成本努力水平则超过社会最优水平。这是因为在 PPP 模式下，私人部门 S 综合考虑了建设成本与运营成本，当建设成本减少 1 单位时，相应的运营成本会增加 $C'_A(c)$，然而在传统采购模式下，建设部门会忽略运营成本的增长。式（4-11）表明，PPP 模式下 S 选择的成本努力水平为帕累托最优，满足 $c_P = c^*$。

从式（4-12）来看，PPP 模式与社会最优条件下的质量努力水平 q 的差别在于 $f' \cdot N'(q)$ 是否为 α。若 $f' \cdot N'(q) = \alpha$，那么 $c_P = c^*$，此时 PPP 模式下私人 S 对 q 的选择同时达到了社会最优；若 $f' \cdot N'(q) > \alpha$，PPP 模式下的边际收益要高于社会最优模式下的社会边际成本，$q_P > q^*$；反之，若 $f' \cdot N'(q) < \alpha$，PPP 模式下的边际收益要小于社会最优模式下的社会边际成本，$q_P < q^*$。从 PPP 模式与传统采购模

式的比较看，由于 $f' \cdot N'(q) > 0$，那么 $q_P > 0 = q_T$，因而 PPP 模式下的质量努力水平一定高于传统采购模式。

通过 PPP 模式、传统采购模式与社会最优水平的比较，可以发现 PPP 模式相比传统模式而言，实现了更高的效率。在 PPP 模式中，私人部门综合考虑了建设与运营成本，而传统采购模式则忽略了运营的成本。因而，从"委托—代理"模型可以看到，PPP 模式效率来源于这种捆绑（binding）效应，从社会福利的角度看，捆绑效应的出现使得公共基础设施的建设运营更有效率[1]。接下来本书将基于"一带一路"沿线国家 PPP 项目数据，从实证角度验证捆绑效应。

第二节 基于"一带一路"沿线国家 PPP 项目的实证研究

从"委托—代理"模型可以得到如下的结论：（1）在传统的基础设施供给模式下，项目建设企业不用考虑自身的成本节约型努力水平（a_T）对于运营商成本的影响，在自身利润最大化条件下，选择高于社会最优水平（a^*）的努力程度；（2）在 PPP 模式下，私人部门能够综合考虑建设成本与运营成本，因而会选择社会最优的努力水平，即 $a_p = a^*$，存在"捆绑效应"。本小节将利用"一带一路"9 个沿线国家 1997—2018 年的 47 个 PPP 项目的数据来检验上述结论[2]。

通常 PPP 项目交由 SPV 来运营，建设公司与运营公司入股该 SPV。按照项目完成顺序可以分为建设阶段与运营阶段，由建设公司负责 PPP 项目的建设，运营公司负责项目的后续运营工作。

为验证"委托—代理"模型的结论，如果用建设公司在项目初期（还未开始建设）的股权投资比例作为建设阶段成本节约型努力的代理变量，那么，如果结论（1）成立，可以预期随着该股权投资比例

---

[1] 当然，这并不意味着 PPP 模式实现了社会最优。
[2] 由于 PPP 项目的质量数据难以获得，因而本书的实证模型不考虑质量因素的影响。

第四章　PPP 与传统采购效率的比较：基于捆绑效应的微观机制研究 | 71

的增加（建设公司参与度增加，成本节约的强度增加），项目成本会下降（项目最终的成本与初始的投资成本比较）。同时，如果建设公司综合考虑了建设与运营阶段的成本因素，那么建设阶段完成后（即将进入项目的运营阶段，建设公司此时退出项目的运作）的股权比例与项目初始阶段的股权比例的变化预期会导致项目成本的下降。

基于上述分析，可以得到如下假说：

假说 1：PPP 项目建设公司的初始股权比例上升，PPP 项目的预期成本下降；

假说 2：PPP 项目建设公司在建设完成阶段的股权比例与初始阶段的股权比例的差值上升，PPP 项目的预期成本下降。

一　变量选择

PPP 项目的成本变化（Cost_change）。该变量为被解释变量，按照前面的介绍，PPP 项目的成本变化由项目最终的审计成本与初始投资成本的差，一方面考虑到 PPI 数据库中缺少最终审计成本的指标，另一方面，PPP 项目最终成本的难以有效地获得，需要寻找表示项目成本变化的代理变量。Guasch[1]认为，PPP 项目的价格规制可以看作是政府的一种收入保证，收益率规制能够为可衡量的投资提供更多保护，降低资本成本。根据 Guasch 的分析，本书选择 PPP 项目是否接受过政府的直接支持（direct government support，DGS）作为项目成本变化的代理变量。政府的直接支持表示政府通过现金或实物支付 PPP 项目成本的一种义务，它可以是固定支付，也可以根据特定的公式变量进行变化，可以将政府的直接支持分为资本补贴、收入补贴及实物（例如土地）[2]。DGS=1，表示项目最终成本会下降；DGS=0，表示最终成本不会下降，随后本书将构建 Probit、Logit 模型来进行实证分析，DGS 数据来自 PPI 数据库。

初始投资比例（Inves_ratio）。该变量为核心解释变量，根据世界银行 PPI 数据库中的已有变量——股权比例、总投资，由初始阶段"股

---

[1] Guasch J. L., Granting and Renegotiating Infrastructure Concessions：Doing It Right, World Bank Institute 28816, January, 2004.

[2] http：//ppi. worldbank. org/methodology/glossary。

权投资额/项目总投资额"得到，反映建设公司在初始阶段的参与度。该比例越高，说明该公司在建设阶段越有可能采取成本节约型努力。如果假说 1 成立，那么根据 Probit（Logit）模型的设定，预期回归系数的符号为正。也就是说，如果建设者股权比例越高，越有可能采用成本节约的策略，相应地等于 1 的可能性增加。

投资比例差（Diff）。该变量为核心解释变量，该变量定义为建设公司在项目建设阶段末期持有的股权比例与初始阶段的股权比例之差。该变量反映 PPP 项目的投资者身份发生变化（由建设阶段转到运营阶段，投资者身份由建设者转为运营者）对于项目成本的变化，数据来自世界银行 PPI 数据库。如果推论 2 成立，那么根据模型的设定，回归系数的符号预期为负（投资比例差为负值）。

总投资额（Total_inves）。该变量为解释变量，反映项目的规模，一般而言，项目规模越大，成本越高，预期回归系数的符号为负。

项目的合约期限（Period）。该变量为解释变量，表示签署的合约时间长度，Bing 等[1]认为，诸如投资金额、项目周期等反映项目的内部特征的因素会影响 PPP 项目的成效，本书认为合约期限也会对项目的成本产生影响。

制度变量。制度既包括政治稳定程度、政府效率、法治水平、腐败程度、对私人部门的管制等，也包括文化、宗教等区域性、历史性因素，对于不同的国家而言，制度往往存在差异性，"一带一路"覆盖 65 个国家，横跨亚、欧、非三个大陆，制度差异性更是明显。Percoco[2]认为，PPP 项目的私人参与程度与项目所在国的制度质量有正向关系，而私人参与会通过"融资约束"效应与"知识转移"效应

---

[1] Bing L., Akintoye A., Edwards P. J., Hardcastle C., "The Allocation of Risk in PPP/PFI Construction Projects in the UK", International Journal of Project Management, Vol. 23, No. 1, 2005, pp. 25-35.

[2] Percoco, Marco, "Quality of Institutions and Private Participation in Transport Infrastructure Investment: Evidence from Developing Countries", Transportation Research Part A: Policy and Practice, Vol. 70, 2014.

影响项目的效率①，本书预期制度质量会影响 PPP 项目的成本变化。

在制度变量的数据选择上，用途较为广泛的数据库包括世界银行发布的 WGI（Worldwide Governance Indicators）数据库与 PRS 集团发布的 ICRG（International Country Risk Guide）数据库。鉴于本文的研究时间段为 1997—2018，从数据可得性来看，本书选择 WGI 数据库②的 6 个制度指标作为控制变量。

世界银行 WGI 数据库共包含法治水平（Rule of Law，RL）、腐败控制（Control of Corruption，CC）、政府有效性（Government Effectiveness，GE）、话语权与问责制（Voice and Accountability，VA）、政治稳定与非暴力（Political Stability and Absence of Violence/Terrorism，PS）与监管质量（Regulatory Quality，RQ）等 6 个制度指标，变量的取值在-2.5 至 2.5 之间。

分指标来看，法治水平度量社会对于法律的遵守程度，包括产权保护、合约执行及暴力与犯罪的程度，指标的数值越高，表明法治程度越高，是一个正向指标；腐败控制度量一个国家对于腐败问题的监察、预防与控制能力，指标的数值越高，表明国家对于腐败问题的控制能力越强，是正向指标；政府有效性包括公共服务质量、行政事务质量与其独立于政治压力的程度、政策制定与执行的质量、政府履行政策承诺的可信度，指标值越高，表明政府的效率越高，为正向指标；话语权与问责制指标一方面衡量公民是否有权利选举政府、言论自由及结社自由，另一方面媒体是否自由，指标数值越高，表明公众与媒体的话语权越高，问责力度越大；政治稳定与非暴力指标衡量政治不稳定性、政治驱动的暴力与恐怖主义发生的可能性，指标数值越高，表明政治稳定性越高，为正向指标；监管质量度量国家制定和执行有利于促进私人部门发展的政策的能力，指标数值越高，表明政府

---

① 邓忠奇、陈甬军：《"一带一路"背景下融资方公私合营模式的资本结构分析》，《产业经济研究》2018 年第 3 期。

② 本书写作的时候，还未获得 2017 年 ICRG 数据库的相关数据。

政策的推进作用越明显，该指标同样为正向指标①。

国际金融机构贷款（Multi_finance）。该变量为二值变量，Multi_finance = 1 表示 PPP 项目获得国际金融机构的贷款，Multi_finance = 0 表示该项目未获得国际金融机构的贷款。PPP 项目为获得国际金融机构（例如，世界银行、欧洲投资银行及亚洲开发银行等）的贷款，往往要求项目的政府及私人投资者满足若干条件，例如明确的还款时间、利率水平及制定监管制度等，同时许多机构借款人会监督整个 PPP 项目的进程（包括项目的开始、私人投资者的选择、项目的完工），从而国际金融机构的贷款预期会降低项目的成本②③，预计回归系数为正。

PPP 项目所在国的国内生产总值（GDP）。一般而言，项目所在国的宏观经济条件越好，能够对投资者形成稳定的预期，越有利于促进项目的投资。④ 本书用 PPP 项目所在国的国内生产总值作为宏观经济环境的代理变量，预期回归系数为正。GDP 数据来自世界银行，选择 2010 年不变价美元，以剔除通货膨胀因素的影响。

二 变量处理

世界银行 PPI 数据库记录了 1990—2018 年"一带一路" 45 个沿线国家 PPP 项目的基本信息，这 45 个国家分别为：中国、越南、马来西亚、泰国、柬埔寨、缅甸、印度尼西亚、老挝、蒙古国、菲律宾、东帝汶（东亚）；阿富汗、孟加拉国、尼泊尔、不丹、印度、巴基斯坦、斯里兰卡、马尔代夫（南亚）；吉尔吉斯斯坦、塔吉克斯坦、哈萨克斯坦、乌兹别克斯坦（中亚）；亚美尼亚、格鲁吉亚、摩尔多

---

① 关于 WGI 数据库制度指标的介绍，参见 http：//info.worldbank.org/governance/wgi/#doc。

② Estache A., Serebrisky T., "Where Do We Stand on Transport Infrastructure Deregulation and Public-Private Partnership？", World Bank Policy Research Working Paper, No. 3356, 2004.

③ Galilea P., Medda F., "Does the Political and Economic Context Influence the Success of a Transport Project? An Analysis of Transport Public-private Partnerships", Research in Transportation Economics, Vol. 30, No. 1, 2010, pp. 102-109.

④ Hammami, M., Ruhashyankiko, F., Yehoue, E., "Determinants of Public-Private Partnerships in Infrastructure" IMF Working Papers, No. 06/99, 2006.

瓦、乌克兰、阿尔巴尼亚、阿塞拜疆、白俄罗斯、波黑、保加利亚、马其顿、黑山、罗马尼亚、俄罗斯、塞尔维亚（欧洲）；埃及、伊拉克、伊朗、叙利亚、也门、约旦、黎巴嫩、土耳其（中东与北非）。

根据理论模型的设定，本书按照如下原则选择实证回归的样本：(1) 选择项目状态为"Active"的样本，剔除项目状态为"Cancelled"、"Distressed"的样本；(2) 仅保留 PPP 类型为 BOT（Build-Operate-Transfer，建设—运营—转移）及 BOO（Build-Own-Operate，建设—拥有—运营）的样本；(3) 保留收入来源（Revenue Sources）为用户缴费（User fees）的项目。最终得到 1997—2018 年"一带一路"9 个沿线国家 47 个 PPP 项目作为最终的实证回归样本。

表 4-1 展示了相关国家的信息及项目数，表 4-2 描述了回归变量的相关信息，表 4-3 则考虑了解释变量之间的相关性，并列示了相关系数矩阵。从表 4-3 的回归系数矩阵来看，腐败控制与监管质量、腐败控制与法治水平、政府效率与监管质量之间相关系数在 0.7 以上，存在较为严重的多重共线性问题。为解决多重共线性问题，本书选择利用腐败控制、监管质量滞后一期的指标数值来代替当前的数值，该方法基于"变量之间不存在异期相关性"的假设[①]。

表 4-1　PPP 项目的国家分布　　　　　　　　单位：个

国家	PPP 项目数	国家	PPP 项目数
俄罗斯	3	埃及	1
印度	29	尼泊尔	1
印度尼西亚	3	柬埔寨	1
土耳其	5	泰国	1
菲律宾	3		

资料来源：笔者通过 PPI 数据库计算得到。

---

① 另外，有学者采用类似寻找工具变量的方法解决多重共线性问题。罗煜等（2017）利用 ICRG 数据库中相应的指标作为 WGI 数据库存在多重共线性问题的代理变量。例如，用 ICRG 数据库的"腐败"指标代替 WGI 中的"腐败控制"指标，但是，由于 ICRG 缺少 2017 年的数据，本书放弃了该种处理思路。

表 4-2　　　　　　　　　变量描述性统计

变量	变量含义	观测值数目	均值	标准差	最小值	最大值
Diff	投资比例差	47	-0.350	0.497	-1.357	2.333
Inves_ratio	初始投资比例	47	0.455	0.851	0.000	4.667
Total_inves	总投资额	46	4.227	1.680	1.194	7.937
Period	合约期限	47	28.213	8.309	10.000	55.000
CC	腐败控制	44	-0.453	0.271	-1.291	0.158
GE	政府效率	44	-0.079	0.271	-1.054	0.409
PS	政治稳定与非暴力	44	-1.087	0.328	-2.009	0.168
RQ	监管质量	44	-0.290	0.307	-0.862	0.429
RL	法治水平	44	-0.183	0.277	-1.056	0.128
VA	话语权与问责制	44	0.067	0.546	-1.249	0.440
GDP	国内生产总值	47	14320.530	7210.534	182.017	26309.500

资料来源：笔者根据 PPI 数据库相关数据利用 Stata 软件计算得到。

表 4-3　　　　　　　　　变量相关系数矩阵

变量	Diff	Inves_ratio	Total_inves	Period	GDP	CC	GE	PS	RQ	RL
Diff	1									
Inves_ratio	0.489	1								
Total_inves	0.409	0.329	1							
Period	-0.165	-0.078	0.259	1						
GDP	-0.033	-0.186	-0.485	-0.120	1					
CC	0.504	0.394	0.350	-0.308	0.017	1				
GE	0.398	0.304	0.377	-0.235	0.114	0.688	1			
PS	-0.143	-0.106	0.085	0.522	-0.261	-0.303	-0.158	1		
RQ	0.481	0.414	0.615	-0.160	-0.321	0.733	0.834	-0.059	1	
RL	0.321	0.192	-0.128	-0.273	0.459	0.715	0.579	-0.442	0.344	1

资料来源：笔者根据 PPI 数据库相关数据利用 Stata 软件计算得到。

三　实证模型设定

根据之前得到的 1997—2018 年"一带一路"9 个沿线国家的

PPP 项目数据，本书分别利用 Probit 模型对样本数据进行回归，相应的 Probit 模型设定如下：

$$P(Cost\_change = 1 \mid X) = \Phi(X'\alpha) = \int_{-\infty}^{X'\alpha} \phi(t)dt \quad (4-13)$$

其中，X 表示解释变量组成的矩阵，α 为 Probit 模型的回归系数，$\Phi(\cdot)$、$\phi(\cdot)$ 分别表示标准正态分布的分布函数及概率密度函数，$\Lambda(\cdot)$ 表示"逻辑分布"的分布函数。

具体来看，每个 Probit 估计对应 4 个模型，其中，模型（1）和模型（3）分别对核心解释变量（Inves_ratio、Diff）及解释变量做回归（Period、Total_inves）；模型（2）和模型（4）则是在模型（1）和模型（3）的基础上，分别加入了表示东道国制度、东道国宏观经济环境的控制变量，再次进行回归，以验证推论（1）和推论（2）。

如果用 $X_1, \cdots, X_4$ 分别表示模型（1）至模型（4）的解释变量矩阵，那么解释变量矩阵可以分别记为：

（1）X_1 =（Inves_ratio, Period, Total_inves）；

（2）X_2 =（Inves_ratio, Period, Total_inves, CC, GE, PV, RQ, RL, VA, lnGDP, Multi_finance）；

（3）X_3 =（Diff, Period, Total_inves）；

（4）X_4 =（Diff, Period, Total_inves, CC, GE, PV, RQ, RL, VA, lnGDP, Multi_finance）。

四 实证模型回归结果

（一）Probit 模型的回归结果

利用 Stata 软件对模型进行回归，表 4-4 列示了异方差稳健标准误情形下的 Probit 模型的回归结果。

根据表 4-4 列示的 Probit 模型的回归结果，在初步回归模型（1）中，初始投资比例（Inves_ratio）的系数为 6.662，并且在 1% 的显著性水平下显著为正，说明随着建设公司初始投资比重的增加，项目成本变化为 1 的概率在不断增加，即项目成本有显著减少的趋势，这符合假说 1 的结论，认为"建设公司投资比重的增加，往往会重视短期的利益，过度地成本节约，而忽视后面运营阶段的项目成本增加"。从合约期限及总投资的回归系数看,两者的回归系数(-0.0364、0.131)均不显著,说明合约期限及总投资额对于项目成本没有显著影响。

表4-4　　　　　　　　　　　Probit 模型的回归结果

解释变量	变量含义	模型(1)	模型(2)	模型(3)	模型(4)
Inves_ratio	初始投资比例	6.662** (2.08)	12.58** (1.93)		
Diff	投资比例差			-0.608*** (-2.47)	-0.299*** (-2.91)
Period	合约期限	-0.0364 (-0.0268)	0.0265 (0.0631)	-0.0322 (-0.025)	-0.0253 (-0.0449)
Total_inves	总投资额	0.131 (0.139)	-0.197 (-0.306)	0.0671 (0.138)	0.14 (0.25)
CC	腐败控制		22.48*** (6.869)		14.13*** (5.341)
GE	政府效率		10.40*** (3.532)		7.304* (1.439)
PS	政治稳定与非暴力		9.450*** (2.73)		6.929*** (2.627)
RQ	监管质量		15.70*** (3.769)		10.99** (1.983)
RL	法治水平		30.65*** (9.315)		20.41** (1.802)
VA	话语权与问责制		-6.709*** (-2.681)		-4.433** (-2.012)
lnGDP	国内生产总值对数		1.438* (1.765)		1.005* (1.712)
Multi_finance	是否有国际机构贷款		0.351 (1.108)		-0.597 (-0.786)
常数项		1.554 (1.194)	-22.53** (-1.904)	-0.258 (-0.848)	-18.56*** (-5.614)

续表

解释变量	变量含义	模型（1）	模型（2）	模型（3）	模型（4）
N	样本数	46	43	46	43
伪R^2	伪可决系数	0.345	0.565	0.640	0.718

注：***、**、* 分别表示变量在1%、5%、10%显著性水平下显著，（ ）内表示 t 统计量。

回归模型（2）在回归模型（1）的基础上增加了项目所在国的制度变量、宏观经济变量等控制变量及国际机构贷款虚拟变量，回归结果显示，初始投资比例对于项目成本依然具有显著的正向影响（系数为12.58），支持假说1的结论。但是，合约期限（系数为0.0265）及总投资额（系数为0.197）的符号与模型（1）相反，同样不显著。从制度变量的回归结果来看，除"话语权与问责制"这一反映民主程度的变量的系数显著为负（-6.709）外，其余变量的回归结果均显著为正，这一结果表明，对于PPP项目的实施而言，项目所在国良好的腐败控制及监管、政府的高效率、政治稳定性增加及法治水平的提升有利于减少PPP项目的成本，而民主程度对于PPP项目成本的影响显著为负（系数为-6.709），这与 Hammami 等[1]、Banerjee 等[2]、Galilea 和 Medda[3] 等多数学者的研究结果不一致。

多数研究认为，民主程度越高，项目的私人参与越高，这样私人的独特效率优势会体现出来，提升PPP项目的效率，从而降低成本。但是，也有学者指出，一定程度的资源与权力的集中会增加政府的行

---

[1] 另外，有学者采用类似寻找工具变量的方法解决多重共线性问题。罗煜等（2017）利用 ICRG 数据库中相应的指标作为 WGI 数据库存在多重共线性问题的代理变量。例如，用 ICRG 数据库的"腐败"指标代替 WGI 中的"腐败控制"指标，但是，由于 ICRG 缺少 2017 年的数据，本书放弃了该种处理思路。

[2] Banerjee S. G., Oetzel J. M., Ranganathan R., "Private Provision of Infrastructure in Emerging Markets: Do Institutions Matter?", *Development Policy Review*, Vol. 24, No. 2, 2006, pp. 175-202.

[3] Galilea P., Medda F., "Does the Political and Economic Context Influence the Success of a Transport Project? An Analysis of Transport Public-private Partnerships", *Research in Transportation Economics*, Vol. 30, No. 1, 2010.

动力与动员力,降低项目的风险与交易成本。① 因而,本书认为,如果考虑到"资源与权力的集中带来的交易成本的下降"这一方面的话,民主程度并不能绝对减少项目的成本。此外,GDP 的系数为 1.438,显著为正,符合预期,说明良好的宏观经济环境会提升项目的效率。

回归模型(3)的结果显示,建设公司在"建设阶段末期"与"建设初期"的投资比例变化,会显著增加"项目成本变化"为 1 的概率(回归系数为 -0.608,Diff 的取值为负,因而最后的结果为正向)。也就是说,如果建设公司综合考虑了建设阶段成本与运营阶段的成本,这种"捆绑效应"会实现项目成本的下降,效率的提升,从而验证了假说 2 的结论。

回归模型(4)核心解释变量 Diff 的系数 -0.299 的符号与模型(3)一致,说明在控制了制度变量及宏观经济变量后,结论依旧稳健。同时,制度变量的回归系数除"话语权与问责制"这一变量的系数显著为负外,其他制度变量的系数显著为正。类似于回归(2),本书认为一定程度的资源与权力的集中可以增加政府的行动与动员能力,提升项目的效率。此外,回归模型(2)与模型(4)显示的"国际机构贷款"虚拟变量的回归系数分别为 0.351、-0.597,符号相反,且不显著,与之前的预期不一致,这可能与样本量较小有一定的关系。

(二)稳健性检验与变量内生性问题的处理

为保证结论的稳健性,采用分样本回归,考察在不同行业初始投资比例、投资比例差与 PPP 项目成本变化的因果关系。按照行业将回归样本分为交通运输业与能源行业两类,分别包含 35 个样本与 12 个样本。

同时考虑到核心解释变量初始投资比例与投资比例差(Diff)可能存在的内生性问题,分别选择 Inves_ratio、Diff 的滞后一期变量 Inves_ratio(-1)、Diff(-1)作为 Inves_ratio、Diff 的工具变量,采用

---

① 罗煜、王芳、陈熙:《制度质量和国际金融机构如何影响 PPP 项目的成效——基于"一带一路"46 国经验数据的研究》,《金融研究》2017 年第 4 期。

含有内生变量的 Probit 模型回归,交通运输业与能源行业的回归结果分别如表 4-5 和表 4-6 所示。

表 4-5　　　　　交通运输业 Probit 模型的回归结果

解释变量	模型（1）	模型（2）	模型（3）	模型（4）
Inves_ratio（-1）	9.9**	6.69***		
	(1.91)	(4.106)		
Diff（-1）			-0.224	-0.130
			(-0.083)	(-1.12)
Period	0.012	-0.002	0.012	-0.001
	(1.49)	(-0.16)	(1.43)	(-0.26)
Total_inves	0.019	0.010	0.016	-0.005
	(0.34)	(0.10)	(0.23)	(-0.05)
CC		7.10***		6.99***
		(3.75)		(3.73)
GE		2.500**		2.542***
		(2.06)		(2.48)
PS		8.99***		8.87***
		(3.56)		(4.22)
RQ		2.001*		2.040*
		(1.707)		(1.78)
RL		12.79***		12.28***
		(3.40)		(4.29)
VA		-15.3***		-15.9***
		(-5.5)		(-5.7)
lngdp		2.68***		3.78**
		(4.106)		(1.92)
Multi_finance		0.433		-0.447
		(1.45)		(-1.49)
常数项	0.223	-0.577	0.318	-0.578
	(0.62)	(-0.37)	(0.80)	(-0.37)
样本数	34	31	34	31
R^2	0.600	0.749	0.377	0.653

注：***、**、* 分别表示变量在1%、5%、10%显著性水平下显著,( ) 内表示 t 统计量。

表 4-6　　　　　　　　能源行业 Probit 模型的回归结果

解释变量	模型（1）	模型（2）	模型（3）	模型（4）
Inves_ratio	4.426***	6.907***		
	(3.62)	(4.12)		
Diff			-0.241***	-0.120***
			(-3.06)	(-5.03)
Period	-0.002	-0.088	-0.001	0.004
	(-0.21)	(-1.53)	(-0.12)	(0.04)
Total_inves	0.005	0.546	0.048	0.033
	(0.05)	(3.32)	(0.63)	(0.04)
CC		7.511***		6.690***
		(4.55)		(5.64)
GE		2.660**		2.781
		(1.95)		(1.15)
PS		3.327***		1.741***
		(3.97)		(3.32)
RQ		2.566*		2.64**
		(1.78)		(1.98)
RL		4.780**		5.530***
		(2.05)		(7.05)
VA		-33.216***		-2.466***
		(-5.19)		(-4.05)
lngdp		5.121***		4.6***
		(4.90)		(5.10)
Multi_finance		0.612		-0.550
		(0.60)		(-0.35)
常数项	-0.373	-40.562***	0.750	0.106
	(-0.86)	(-4.92)	(1.01)	(0.27)
样本数	12	12	12	12
R^2	0.648	0.924	0.012	0.586

注：***、**、* 分别表示变量在1%、5%、10%显著性水平下显著，()内表示t统计量。

根据表 4-5 交通运输业的回归结果，从回归模型（1）、回归模型（2）的结果看，初始投资比例回归系数分别为 9.9、6.69，分别在5%、1%的显著性水平下显著为正,验证了假说1;从制度变量的回归结果看,话语权与问责制变量的系数为-15.3,并且显著,其余变量均显著为正,这与Probit回归下回归(2)的结果类似;GDP的系数为2.68,显著为正,表明良好的宏观经济环境在促进PPP项目效率提升方面的重要作用。

回归模型(3)和回归模型(4)的结果显示,建设公司在不同投资阶段的投资比例差的系数-0.224、-0.513均显著为负,符合预期;从制度变量的回归系数来看,除政府效率指标外,其余制度变量指标均显著;GDP的回归系数为3.78,依旧显著为正。此外,国际机构贷款这一变量依然对PPP项目的效率没有显著影响,笔者认为,一方面国际贷款的贷出方可以对项目实施整个流程的监管,但是另一方面,这种监管可能会使项目的参与者受制于人,降低参与者的激励。

从能源行业的回归结果(见表4-6)来看[1],主要核心解释变量的回归结果均符合预期,并且显著,从制度变量的回归结果看,除模型(4)中政府效率变量不显著外,其余均显著。

综合Probit模型的回归结果表明:(1)传统的公共基础设施供给模式与PPP模式区别在于是否将整个项目的生命周期成本考虑进去,如果不考虑整个项目的生命周期成本,厂商会过度采用成本节约的方式,厂商参与度的不断增加,显著降低了项目的成本;PPP模式的捆绑效应将成本内部化,体现为处于不同阶段的建设公司的比重变化改变了PPP项目的成本;(2)制度变量对于PPP项目的效率有显著影响。分指标来看,腐败控制、政治稳定与非暴力、监管质量、法治水平的改善能够显著促进项目的效率水平,而代表民主程度的"话语权与问责制"指标对于PPP的效率有抑制作用,说明一定程度的资源与权力的集中可以降低交易成本,提升效率;(3)表示项目本身的因素(合约期限、投资额)及国际机构的贷款虚拟变量对项目的效率没

---

[1] 考虑到该回归的样本量相对较小,为保证结果的稳健性,本书同时估计了Probit与Logit模型,Logit模型的结果与Probit模型结果较为接近,Logit模型的结果在此未予列示。

有显著影响,这可能与样本量较小有一定的关系(实际上,后续章节的研究证实,三者均显著提升 PPP 项目的效率);(4)项目所在国的宏观经济环境对于 PPP 项目的效率具有显著促进作用。

第三节　本章小结

本章旨在从微观角度比较 PPP 模式与传统采购模式,指出 PPP 模式效率改善的微观机制——捆绑效应。本章首先建立了一个包含政府、建设公司与运营公司等三个主体的"委托—代理"模型,从社会福利最大化的角度比较传统采购模式与 PPP 模式的效率差异,指出捆绑效应是 PPP 效率改善的关键所在。随后通过对"一带一路"沿线国家的 PPP 项目数据建立 Probit 模型并通过分样本回归来验证"委托—代理"模型的假说。具体来看,"委托—代理"模型认为传统模式下的厂商注重短期利益而忽视了整个项目生命周期的成本,造成偏离社会最优效率的发生,PPP 模式下的厂商综合考虑整个项目周期的成本,能够提升项目的效率。Probit 模型的实证结果支持了上述结论,同时,实证分析还表明,制度变量对于 PPP 项目的效率提升具有显著影响。接下来的章节将从 DEA 理论出发,从宏观角度测算 PPP 项目的效率。

第五章　PPP效率的宏观研究

——基于 DEA-Malmquist 指数的视角

在第四章，本书基于"委托—代理"模型，以捆绑效应为切入点，从社会福利最大化的角度比较了PPP模式与传统采购模式的效率。但是，该研究并没有给出"一带一路"沿线国家PPP项目效率的一个具体的测算，这显然是不充分的，本章将基于DEA-Malmquist指数，对"一带一路"沿线国家PPP项目的效率进行测算。在此之前，笔者对PPP效率的测算简单作了文献的综述。

在PPP项目的效率测算方面，学术界目前主要存在两种思路：一种思路是物有所值（VfM，Value for Money）研究，通过"公共部门比较值"（PSC）这一定量分析工具来进行物有所值测算，代表性文献包括Demirag和Khadaroo[1]、袁竞峰等[2]、姜爱华[3]，但是该评估方法在计算VfM现值时需要对现金流、折现率及风险进行事先假设与估计，存在数据可得性、样本可比性及预测可靠性的问题[4]，因而VfM方法虽然较为流行，但是对于具体的PPP项目进行效率评估的效果值得商榷；另一种思路是基于生产前沿面的研究，主要包括非参数效率分析的数据包络分析方法（Data Envelopment Analysis，

---

[1] Demirag I., Dubnick M., Khadaroo M. I., "A Framework for Examining Accountability and Value for Money in the UK's Private Finance Initiative", Journal of Corporate Citizenship, Vol. 15, 2004.

[2] 袁竞峰、王帆、李启明、邓小鹏：《基础设施PPP项目的VfM评估方法研究及应用》，《现代管理科学》2012年第1期。

[3] 姜爱华：《政府采购"物有所值"制度目标的含义及实现——基于理论与实践的考察》，《财政研究》2014年第8期。

[4] 吉富星：《PPP模式的理论与政策》，中国财政经济出版社2017年版，第57页。

DEA）与基于参数效率分析的随机前沿（Stochastic Frontier Analysis，SFA）方法，DEA 与 SFA 方法较之于 VfM 评估方法，具有理论基础坚实、指标可得性高及易于操作的特点，在基础设施项目的效率评估方面得到了广泛应用，这一类代表性文献包括曾福生等[1]、张海星[2]、Wanke 和 Barros[3]、唐祥来和刘晓慧[4]、查云璐等[5]、刘穷志和彭彦辰[6]等。

从现有基于 DEA 的 PPP 效率研究来看，多数文献采用 CCR 或 BCC 模型，采用这两种模型时，加入时间因素后，无法比较不同时期生产前沿面的变化，也就是说无法比较 PPP 效率随时间的动态变化，因而之前的关于 PPP 效率的 DEA 研究可以称之为"静态 DEA"，这无疑是有缺陷的。本章将通过 DEA-Malmquist 指数法测算不同时期的全要素生产率（TFP）变动情况，并将其作为衡量"一带一路"沿线国家 PPP 项目效率变化的重要指标，并分析不同行业（国家）的 PPP 效率状况。

本章的安排如下：第一节，介绍 DEA-Malmquist 指数的相关内容；第二节，基于 DEA-Malmquist 指数测算 2008—2018 年"一带一路"沿线国家分行业、区域及国家层面的效率指数并进行分析；第三节，基于测算得到的国家层面的 DEA-Malmquist 指数，通过建立面板 Tobit 模型，从宏观角度分析私人投资与 PPP 效率的关系，为下一章从微观角度考察"私人参与度与 PPP 效率"奠定基础；最

---

[1] 曾福生、郭珍、高鸣：《中国农业基础设施投资效率及其收敛性分析——基于资源约束视角下的实证研究》，《管理世界》2014 年第 8 期。

[2] 张海星：《基于 DEA 方法的政府基础设施投资效率评价》，《宁夏社会科学》2014 年第 4 期。

[3] Wanke P. F., Barros C. P., "Public-Private Partnerships and Scale Efficiency in Brazilian Ports: Evidence from Two-Stage DEA Analysis", *Socio-Economic Planning Sciences*, No. 51, 2015, pp. 13-22.

[4] 唐祥来、刘晓慧：《供给侧改革下中国 PPP 模式供给效率的 DEA 检验》，《南京财经大学学报》2016 年第 4 期。

[5] 查云璐、李博、高廷璧：《PPP 项目股权融资效率评价——基于 DEA 模型的分析》，《金融会计》2017 年第 6 期。

[6] 刘穷志、彭彦辰：《中国 PPP 项目投资效率及决定因素研究》，《财政研究》2017 年第 11 期。

后是本章总结。

第一节 DEA-Malmquist 指数的介绍

DEA 是一种基于被评价对象间（通常称之为决策单元 DMU，Decision Making Unit）相对比较的非参数非参数技术效率分析方法，由 Charnes、Cooper 和 Rhodes[1] 于 1978 年提出，并给出了 DEA 理论的最初模型化方法，后来将他们提出的这一模型称之为 CCR 模型。CCR 模型认为生产技术的规模收益不变，但是在生产过程中，许多生产过程并没有处于最优的生产规模状态，因此 CCR 模型得出的是包含规模效率的技术效率水平。Banker 等（1984）[2] 提出了用来估计规模效率（Scale Efficiency）的 DEA 模型，一般称之为 BCC 模型。该模型基于规模收益可变的假定，得到的技术效率（纯技术效率，Pure Technical Efficiency，PTE）排除了规模因素对于效率的影响。

CCR 与 BCC 模型都是基于技术效率而言的，针对的是某一时间的生产技术。但是，一般而言，在生产过程中生产技术是在发生变化的，Färe 等[3]最早采用 DEA 的方法进行 Malmquist 指数的计算，并将 Malmquist 指数分解为两方面的变化：一是相邻期间生产技术的变化（Technical Change，TC）；二是技术效率的变化（Technical Efficiency Change，EC）。因而在对多期的 DMU（决策单元）面板数据进行分析时，采用 DEA-Malmquist 指数法可以分析生产率的变动、技术进步及

---

[1] Charnes A., Cooper W. W., Rhodes E., "Measuring the Efficiency of Decision Making Units", *European Journal of Operational Research*, Vol. 2, No. 6, 1978, pp. 429-444.

[2] Banker R. D., Charnes A., Cooper W. W., "Some Models for Estimating Technical and Scale Inefficiencies in Data Envelopment Analysis", *Management Science*, Vol. 30, No. 9, 1984, pp. 1078-1092.

[3] Färe R., Grosskopf S., Lindgren B., Roos P., "Productivity Changes in Swedish Pharamacies 1980-1989: A Non-parametric Malmquist Approach", *Journal of Productivity Analysis*, Vol. 3, No. 1, 1992, pp. 85-101.

技术效率对生产率变化的作用。

按照一般的 DEA-Malmquist 指数的定义方式①，首先定义产出距离函数如下：

$$D(x, y) = \min\left\{\delta\left(\frac{y}{\delta}\right) \in P(x)\right\} \quad (5-1)$$

其中，x 为投入，y 为产出，$P(x)$ 为生产可能性集合，δ 为标量，那么生产者 i 从 t 期到 $t+1$ 期全要素生产率变化的 Malmquist 指数可以表示为：

$$M_i(x_t, y_t; x_{t+1}, y_{t+1}) = TC \times EC = \frac{D_i^{t+1}(x_{t+1}, y_{t+1})}{D_i^t(x_t, y_t)}$$

$$\times \sqrt{\frac{D_i^t(x_{t+1}, y_{t+1})}{D_i^{t+1}(x_{t+1}, y_{t+1})} \times \frac{D_i^t(x_t, y_t)}{D_i^{t+1}(x_t, y_t)}} \quad (5-2)$$

Färe② 等人在 1992 年论文的基础上，根据 CRS Malmquist 与 VRS Malmquist 得到的不同效率的变化值，将技术效率变化（EC）进一步分解为纯技术效率变化（PEC）与规模效率变化（SEC），具体而言：

$$M_i(x_t, y_t; x_{t+1}, y_{t+1}) = TC \times EC = TC \times (PEC \times SEC) \quad (5-3)$$

$$PEC = \frac{D_{VRS}^{t+1}(x_{t+1}, y_{t+1})}{D_{CRS}^t(x_t, y_t)} \quad (5-4)$$

$$SEC = \sqrt{\frac{D_{VRS}^{t+1}(x_{t+1}, y_{t+1})D_{CRS}^{t+1}(x_{t+1}, y_{t+1})}{D_{VRS}^{t+1}(x_t, y_t)D_{CRS}^{t+1}(x_t, y_t)} \times \frac{D_{VRS}^t(x_{t+1}, y_{t+1})D_{CRS}^t(x_{t+1}, y_{t+1})}{D_{VRS}^t(x_t, y_t)D_{CRS}^t(x_t, y_t)}}$$

$$(5-5)$$

---

① 傅晓霞、吴利学：《前沿分析方法在中国经济增长核算中的适用性》，《世界经济》2007 年第 7 期。

② Färe R., Grosskopf S., Norris M., Zhang Z., "Productivity Growth, Technical Progress, and Efficiency Change in Industrialized Countries." The American Economic Review, Vol. 84, No. 1, 1994, pp. 66-83.

国内学者傅晓霞和吴利学[1]、魏下海和余玲铮[2]、蔡东方[3]、李媛恒[4]对 DEA-Malmquist 指数在全要素生产率的测算应用进行了研究，但是在 PPP 效率的测算方面鲜有文献涉及。一般认为，TFP 多用来表示产出的技术水平，但是其内涵中还包含了知识水平、管理技能等反映物质生产的因素，因而可以反映广义层面的生产率[5]，是用来反映技术、管理、资源配置等综合效率的可行性指标，下一节将基于 DEA-Malmquist 指数对 2008—2018 年"一带一路"沿线国家 PPP 项目效率进行测算。

第二节 "一带一路"沿线国家 PPP 效率的 DEA-Malmquist 指数测算

一 行业层面 DEA-Malmquist 指数的测算

我国的"一带一路"倡议覆盖 65 个国家，横跨亚欧非三个大陆，占全球经济规模的 30% 以上。PPI 数据库记录了自 1990 年以来"一带一路"45 个沿线国家参与的 5584 个 PPP 项目，涉及能源、交通、水处理、信息通信技术及城市固体废物等 5 个行业，项目金额达 1.08 万亿美元，为进一步研究各个 PPP 行业的效率变化，进行 DEA-Malmquist 指数的测算。

为测算"一带一路"沿线国家分行业的 DEA-Malmquist 指数，需

---

[1] 傅晓霞、吴利学：《前沿分析方法在中国经济增长核算中的适用性》，《世界经济》2007 年第 7 期。

[2] 魏下海、余玲铮：《中国全要素生产率变动的再测算与适用性研究——基于数据包络分析与随机前沿分析方法的比较》，《华中农业大学学报（社会科学版）》2011 年第 3 期。

[3] 蔡东方：《PPP 对基础设施效率的促进作用研究——基于"一带一路"沿线国家的实证检验》，《技术经济与管理研究》2019 年第 7 期。

[4] 李媛恒、石凌雁、李钰：《中国制造业全要素生产率增长的测度与比较》，《经济问题》2020 年第 3 期。

[5] 鲁晓东、连玉君：《中国工业企业全要素生产率估计：1999—2007》，《经济学（季刊）》2012 年第 2 期。

要满足以下方面：(1) 在指标的选择上，选择合适的投入、产出指标；(2) 在时间段的选择上，由于 DEA-Malmquist 指数的计算需要平衡面板数据，同时兼顾数据的可得性与数据的连贯性，本书选择 2008—2018 年 5 个 PPP 行业 2795 个 PPP 项目的投入与产出数据进行效率分析；(3) 此外，对于部分缺失数据进行了线性插值处理。

按照之前的介绍，要进行 DEA-M 指数的测算，首先要选择合适的投入变量与产出变量指标。参照唐祥来和刘晓慧[1]的做法，并结合数据的可得性，本书选择 PPP 项目总投资额（investment，百万美元）、PPP 项目的私人投资额（invest_private，百万美元）两个变量作为投入变量指标。

成刚[2]指出，在 DEA 模型的技术效率估计中，产出指标应满足可加性要求，本文按照 PPI 数据库的行业分类，选择每个行业中的代表性子行业的产出品"容量"（capacity）作为产出指标，行业信息列示如下。

表 5-1　　　　2008—2018 年 PPP 项目的分行业分布　　　　单位：个

行业	PPP 项目数	选择的子行业	子行业 PPP 项目数	占整个行业项目数比重	产出（单位）
能源	1588	发电	1543	97.2%	MW（兆瓦）
交通运输	576	收费公路	434	75.4%	KM（千米）
水处理	303	处理工厂	270	89%	立方米
城市固体废物	309	废物处理/处置	222	71.8%	通量
信息与通信技术	19	全部	19	100%	通信连接数
总计	2795	—	2488	—	—

资料来源：根据 PPI 数据库，通过 Stata 软件计算得到。

根据表 5-1，在 PPP 项目产出变量的选择上，能源行业选择"发电"这一子行业的产出（兆瓦）作为效率指数测算样本；交通运输

---

[1] 唐祥来、刘晓慧：《供给侧改革下中国 PPP 模式供给效率的 DEA 检验》，《南京财经大学学报》2016 年第 4 期。

[2] 成刚：《数据包络分析方法与 MaxDEA 软件》，知识产权出版社 2014 年版，第 28 页。

行业选择"收费公路"这一子行业的产出(千米)作为选择样本[①];水处理行业选择"处理工厂"作为测算样本,城市固体废物行业选择"废物处理/处置"作为测算样本;信息通信技术因为产出在行业内保持一致,选择全样本作为测算样本。这样,共得到 5 个行业 2488 个 PPP 项目 2008—2018 年的投入与产出数据,分行业的变量描述性统计如表 5-2 所示。利用 DEAP 2.1 软件,本书对"一带一路"沿线国家 5 个行业 2008—2018 年的 PPP 项目的 DEA-Malmquist 指数进行了测算,测算结果如表 5-3 所示。

表 5-2　　2008—2018 年 PPP 项目分行业描述性统计

变量	所属行业	观测值	均值	标准差	最小值	最大值
investment	能源	1459	240.1504	506.7339	0.23	7576
invest_private	能源	1457	229.2827	490.1279	0.23	7576
output	能源	1513	570.1935	5144.403	0.5	115000
investment	交通	432	350.3509	592.9823	3.5	6356
invest_private	交通	417	328.3465	529.6107	3.5	6356
output	交通	410	91.81972	101.8346	1.2	1544.6
investment	水处理	226	39.07469	73.56635	0.8	517
invest_private	水处理	226	37.07994	72.42341	0.8	517
output	水处理	260	193125.8	3100826	0.8	5.00E+07
investment	城市固体废物	222	81.73126	119.6787	1	853.8
invest_private	城市固体废物	218	79.42641	119.6863	0.5	853.8
output	城市固体废物	204	816.8119	6987.599	3	100000
investment	ICT	18	342.5828	431.2916	5.6	1500
invest_private	ICT	15	262.1783	313.7079	18.5	1227.6
output	ICT	14	6219.429	11957.64	15	47000

资料来源:根据 PPI 数据库,通过 Stata 软件计算得到。

---

① 在欧洲、美国和发展中国家,高速公路建设是采用 PPP 模式最广泛的基础设施领域。

表 5-3 "一带一路"各行业年度 DEA-Malmquist 指数

年份	EC	TC	PEC	SEC	TFP
2008	1	1	1	1	1
2009	6.105	0.47	3.635	1.679	2.872
2010	0.452	1.747	0.547	0.827	0.791
2011	1.267	0.726	0.88	1.44	0.921
2012	1.017	0.914	1.584	0.642	0.929
2013	0.674	2.084	0.525	1.284	1.406
2014	1.243	0.944	1.343	0.925	1.174
2015	1.379	0.386	1.086	1.269	0.532
2016	0.984	0.982	1.27	0.775	0.966
2017	2.341	0.143	2.571	0.91	0.335
2018	0.476	4.38	0.789	0.603	2.086
均值①	1.163	0.872	1.185	0.981	1.014

资料来源：通过 DEAP 2.1 计算得到。

表 5-3 列示了"一带一路"沿线国家 5 个行业 PPP 项目的年度 DEA-Malmquist 指数，从 TFP（全要素生产率）指数来看，2008—2018 年，行业整体 TFP 年均增长 1.4%，说明"一带一路"沿线国家基础设施的效率整体上处于扩张的趋势，基础设施效率是在不断增长的。从分年度的 TFP 来看，有 4 个年份 TFP 处于增长状态，其中 2009 年是 TFP 增长最快的年份，增幅达到 187.2%，2018 年次之，为 108.6%，与 2017 年相比有较大改善。

EC（技术效率变化指数）用来反映基础设施的经营效率与生产规模边际效应的变动趋势，可以将技术效率变化指数分解为纯技术效率变化指数（PEC）与规模效率变化指数（SEC）。PEC 表示企业在一定时期内投入要素的生产效率，反映了企业的技术、管理及运营对于效率的影响，SEC 则表示基础设施在促进贸易与生产要素流动的边际效应。从 2008—2018 年 EC 的变化来看，技术效率年均增加

---

① 此处的均值是几何平均值，不是一般意义上的算术平均值，下同。

16.3%，纯技术效率（PEC）年均增加18.5%，而SEC则呈现收缩的趋势，表明技术效率的增加主要源自纯技术效率增加的贡献，说明"一带一路"沿线国家PPP项目参与企业在技术投入、管理运营方面的成效显著，而规模效应并未推动生产率的增加。

TC（技术变化指数）通常衡量基础设施在一定时期内的技术变化水平，这一变化体现了外部技术的改善对TFP的影响。从TC指数来看，2008—2018年TC的均值为0.872，小于1，也就是说技术呈现衰退的趋势，本书认为这可能源于一是未能对TC作进一步分解[①]，因而并未分析纯技术变化（PTC）与规模技术变化（STC）的影响。下面对分行业的DEA-Malmquist指数进行综合分析，如表5-4所示。

表5-4 "一带一路"沿线国家各行业的DEA-Malmquist指数

行业	EC	TC	PEC	SEC	TFP
能源	1.643	0.797	1.578	1.041	1.31
交通	1.071	0.939	1.116	0.959	1.006
水处理	0.97	0.977	1	0.97	0.948
城市固体废物	0.898	0.774	1	0.898	0.696
ICT	1.384	0.892	1.329	1.041	1.235
均值	1.163	0.872	1.185	0.981	1.014

资料来源：通过DEAP 2.1计算得到。

根据表5-4的结果可知，（1）TFP指数的结果显示，能源、交通与ICT（信息通信技术）的生产率是在增加的，而水处理与城市固体废物的生产率呈现下降的趋势；（2）从EC（技术效率进步）指数来看，"一带一路"沿线国家2008—2018年能源、交通与ICT行业的PPP项目在要素配置与利用方面是在不断改善的，能源行业增加64.3%，交通业增加7.1%，ICT行业增加38.4%；（3）从EC指数的分解来看，规模效应指数（SEC）在能源与ICT行业均大于1，说明

[①] Zofio在前人研究的基础上，进一步将TC分解为纯技术变化（PTC）与规模技术变化（STC），本书为了讨论的方便，并未对TC做进一步的分解。

能源与 ICT 行业的规模效应明显推动了技术效率的改善，纯技术效率（PEC）在能源、交通及 ICT 行业均大于 1，说明在剔除规模效应后，能源、交通及信息通信企业的运营与管理是提升效率水平的重要因素；（4）从 TC（技术进步）指数来看，5 个行业的 TC 指数均小于 1，一方面说明外部技术进步对于 TFP 的影响并未出现改善；另一方面，表明需要长时间、大力度加强包括"一带一路""五通"（政策沟通、设施联通、资金融通、贸易畅通与民心相通）、《"一带一路"数字经济倡议》①在内的一系列合作，改善外部技术环境，提升外部技术环境对于 PPP 效率的贡献度。

根据对 2008—2018 年"一带一路"沿线国家行业层面 PPP 项目 DEA-Malmquist 指数的测算，可以初步得到如下结论：（1）从行业总体来看，TFP 总体呈现上升趋势，反映出"一带一路"沿线国家基础设施建设效率的改善趋势。其中，技术效率进步指数（EC）对 TFP 的增长起到关键作用，进一步地，根据 EC 指数的分解结果，纯技术效率（PEC）是决定 EC 增长的重要因素，反映出"一带一路"沿线国家的企业在通过运营管理实现 PPP 效率改善的重要作用。（2）分行业来看，能源、交通及 ICT 行业的总体效率在增加，能源与 ICT 行业 SEC（规模效应变化）指数说明规模效应在提升技术进步效率方面的改善作用，5 个行业的 TC 指数均小于 1，说明"一带一路"倡议需要长时间、大力度加强外部技术环境的改善工作。

以上是从行业层面基于 DEA-Malmquist 指数对"一带一路"沿线国家 2008—2018 年 PPP 项目的效率分析，下面本书将从区域层面进行分析。

二 分区域 DEA-Malmquist 指数的测算

"一带一路"横跨亚欧非三个大陆，PPP 投资的区域差异性明显（详情见第三章），区域的差异性可能会对 PPP 项目的效率产生影响，为更深入地了解各区域在 PPP 项目运营中的表现，本节在前一节的基

---

① 中国互联网信息办公室：《〈"一带一路"数字经济国际合作倡议〉发布》，2018 年 5 月 11 日，http://www.cac.gov.cn/2018-05/11/c_1122775756.htm，2019 年 12 月 12 日。

础上，从区域的维度测算 2008—2018 年分行业 PPP 项目的 DEA-Malmquist 指数。

首先，本书按照 PPI 数据库的区域划分标准，将"一带一路"沿线国家划分为东亚、南亚、中亚、欧洲、中东与北非等 5 大区域，每个区域包含的国家见表 5-5；随后，将分行业投入、产出数据按照区域类别加总，最终得到 5 个区域 2008—2018 年分行业的投入、产出数据。限于篇幅，本书仅列示了 5 大区域在能源行业投入产出的描述性统计表，如表 5-6 所示。

表 5-5　　　　"一带一路"沿线国家的区域划分

地区	国家
东亚（11 国）	中国、越南、马来西亚、泰国、柬埔寨、缅甸、印度尼西亚、老挝、蒙古国、菲律宾、东帝汶
南亚（8 国）	阿富汗、孟加拉国、尼泊尔、不丹、印度、巴基斯坦、斯里兰卡、马尔代夫
中亚（4 国）	吉尔吉斯斯坦、塔吉克斯坦、哈萨克斯坦、乌兹别克斯坦
欧洲（14 国）	亚美尼亚、格鲁吉亚、摩尔多瓦、乌克兰、阿尔巴尼亚、阿塞拜疆、白俄罗斯、波黑、保加利亚、马其顿、黑山、罗马尼亚、俄罗斯、塞尔维亚
中东与北非（8 国）	埃及、伊拉克、伊朗、叙利亚、也门、约旦、黎巴嫩、土耳其

资料来源：世界银行 PPI 数据库。

表 5-6　　　"一带一路"沿线国家分区域投入产出
描述性统计（能源行业）

变量名称	区域	观测值	均值	标准差	最小值	最大值
output	东亚	11	41310.39	105412.2	6210.752	359080.1
investment	东亚	11	13897.29	3794.033	6230.549	19971.95
invest_private	东亚	11	12886.19	3581.445	5926.555	19631.48
output	中东与北非	11	8018.942	6038.203	3175.893	23950.88
investment	中东与北非	11	7095.526	3768.48	2758.953	15498.01
invest_private	中东与北非	11	7075.317	3745.141	2758.953	15408.1
output	中亚	11	831.889	354.142	298	1365.778
investment	中亚	11	374.776	37.050	318.92	430.631

续表

变量名称	区域	观测值	均值	标准差	最小值	最大值
invest_private	中亚	11	333.109	9.412	318.92	347.298
output	南亚	11	13957.06	14181.44	2527.415	37318.5
investment	南亚	11	11711.96	10338.22	3063.20 和 2	32035.63
invest_private	南亚	11	11374.19	10066.57	2893.348	31311.11
output	欧洲	11	107033.5	116202.8	41111	386948.8
investment	欧洲	11	11078.33	4444.883	7531.088	20220.45
invest_private	欧洲	11	8180.093	3121.465	5662.548	15965.4

资料来源：笔者根据 PPI 数据库相关数据计算得到。

笔者测算了东亚、南亚、中亚、欧洲、中东与北非等 5 大区域在 2008—2018 年的 DEA-Malmquist 指数，由于数据缺失的原因，中亚区域仅测算了部分行业，详情如表 5-7 所示。

表 5-7　　2008—2018 年"一带一路"沿线国家分区域 DEA-Malmquist 指数测算

行业	区域	EC	TC	PEC	SEC	TFP
能源	东亚	1.414	1.093	1.291	1.095	1.545
能源	南亚	1.389	1.065	1.255	1.107	1.48
能源	中亚	1.117	0.811	1.092	1.023	0.906
能源	欧洲	1.255	1.035	1.182	1.062	1.299
能源	中东与北非	1.17	0.925	1.141	1.025	1.082
交通运输	东亚	1.339	1.133	1.24	1.08	1.517
交通运输	南亚	1.21	0.948	1.135	1.066	1.147
交通运输	中亚	0.954	0.849	1	0.954	0.81
交通运输	欧洲	1.106	1.016	1.05	1.053	1.123
交通运输	中东与北非	0.862	0.794	1.012	0.852	0.685
水处理	东亚	1.155	1.045	1.111	1.04	1.207
水处理	南亚	1.042	0.952	1.042	1	0.992
水处理	欧洲	1.128	1.056	1.102	1.024	1.192
水处理	中东与北非	0.71	0.928	0.784	0.905	0.658
城市固体废物	东亚	1.042	1.038	1.02	1.022	1.082
城市固体废物	南亚	0.984	1.012	1	0.984	0.996

续表

行业	区域	EC	TC	PEC	SEC	TFP
城市固体废物	欧洲	1	1.043	1	1	1.043
城市固体废物	中东与北非	0.956	0.854	0.974	0.982	0.817
ICT	东亚	1.361	1.104	1.235	1.102	1.503
ICT	南亚	1.165	1.035	1.144	1.018	1.205
ICT	中亚	0.933	0.835	0.987	0.945	0.779
ICT	欧洲	1.567	1.122	1.304	1.202	1.759
ICT	中东与北非	1.029	0.915	1.015	1.014	0.942

资料来源：笔者通过 DEAP 2.1 软件计算得到。

表 5-7 的 DEA-Malmquist 指数的测算结果显示：（1）从整体效率水平（TFP）看，东亚国家在 5 个行业均实现了明显的效率改善，在除了城市固体废物业之外，其他行业均实现了年均两位数增长（各行业年均增长 54.5%、51.7%、20.7%、50.3%），反映出东亚国家在基础设施建设效率上的明显改进；南亚国家在能源、交通及 ICT 行业存在明显的效率改善（3 个行业年均分别增长 48%、14.7%、20.5%），而在水处理及城市废物业存在技术效率衰退的情况；中亚国家仅在能源、交通与 ICT 行业开展了 PPP 项目，从 TFP 指数来看，普遍出现效率衰退的情况，凸显中亚国家在基础设施建设效率上亟待改善；欧洲国家同东亚国家一样，在所有 5 个行业均实现了效率的增长，特别是在 ICT 行业，增长率高达 75.9%，这与欧洲在信息通信项目上的建设运营经验是密不可分的；中东与北非国家仅在能源 PPP 上实现了效率增长（8.2%），而在其余产业均存在效率下降的状况。（2）从效率指标分解看，东亚国家在所有行业 TFP 的改善是通过技术效率指标（EC）的改善与技术变化（TC）的改善共同实现的，南亚仅在能源与 ICT 行业两个指标发生了共同改善，而欧洲国家则是除城市固体废物业的其他行业发生了 EC 与 TC 的共同改善。（3）PEC（纯技术效率变化）指数的结果表明，东亚国家在能源、交通、水处理及固体废物业的效率均高于其他区域，而欧洲在 ICT 纯技术效率处于领先地位。表 5-8 简要总结了分析的结论。

表 5-8　分区域 DEA-Malmquist 指数测算的结论

区域	DEA-Malmquist 指数测算的结论
东亚	(1) 全行业 TFP 均实现增长；(2) 全行业 EC 与 TC 均实现增长；(3) 除 ICT 行业外，其他行业 PEC 指数领先于其他区域
南亚	(1) 能源、交通及 ICT 业 TFP 实现增长；(2) 能源与 ICT 业 TFP 的增长是 EC 与 TC 共同改善的结果；(3) 能源行业 SEC 指数高于其他区域
中亚	全行业而言效率呈衰退趋势
欧洲	(1) 全行业 TFP 均实现增长；(2) 除城市固体废物行业外，其他行业 EC 与 TC 均实现增长；(3) ICT 行业全方位领先其他区域；
中东与北非	能源行业 TFP 实现增长，其他行业呈效率衰退趋势

资料来源：笔者根据测算结果整理得到。

三 "一带一路"沿线国家能源行业 DEA-Malmquist 指数的测算

PPI 数据库记录了 1990—2018 年"一带一路"45 个沿线国家总共 5584 个 PPP 项目的信息，为了方便进行国家间的效率比较，本书选择 2008—2018 年"一带一路"36 个沿线国家能源行业 PPP 项目作为研究对象[①]，测算相应的 DEA-Malmquist 指数并进行比较。

之所以选择能源行业进行研究，主要基于如下原因：首先，能源行业集中了一半以上的 PPP 项目（见表 5-1），具有较好的代表性；其次，相较于其他行业，能源行业的数据完整性较好，有利于保证 DEA-Malmquist 指数测算的准确性；最后，能源业 PPP 项目覆盖的"一带一路"沿线国家范围更广[②]，有利于进行更详细的国家比较。

接下来按照类似的思路进行 DEA-Malmquist 指数的测算。在对能源 PPP 项目投入、产出数据进行处理时，对于 j 国第 t 年（$t=2008,\cdots,2018$）的 PPP 项目 $i(i=1,2,\cdots n)$，首先按照式（5-6）至式（5-8）对投入变量及产出变量进行加总，得到目标国家第 t 年

---

① 36 个国家分别为：中国、印度尼西亚、柬埔寨、泰国、缅甸、老挝、菲律宾、越南、马来西亚、蒙古国、印度、孟加拉国、尼泊尔、巴基斯坦、斯里兰卡、阿富汗、哈萨克斯坦、塔吉克斯坦、乌克兰、亚美尼亚、俄罗斯、保加利亚、塞尔维亚、摩尔多瓦、格鲁吉亚、白俄罗斯、罗马尼亚、阿塞拜疆、阿尔巴尼亚、马其顿、黑山、伊拉克、伊朗、土耳其、埃及、约旦。

② 其他行业所覆盖的国家数均小于 30 个。

的 PPP 项目的投入与产出值，最终得到能源行业 2008—2018 年 36 个国家能源 PPP 的投入与产出面板数据。

$$input_{1, j, t, energy} = \sum_{i=1}^{n} investment_{i, j, t, energy} \tag{5-6}$$

$$input_{2, j, t, energy} = \sum_{i=1}^{n} privateinvestment_{i, j, t, energy} \tag{5-7}$$

$$output_{j, t, energy} = \sum_{i=1}^{n} capacity_{i, j, t, energy} \tag{5-8}$$

同样地，本书利用 DEAP 2.1 软件对"一带一路"36 个沿线国家 2008—2018 年的 PPP 项目投入与产出数据进行了测算，得到 DEA-Malmquist 指数如表 5-9 所示，图 5-1 则直观描述了"一带一路"沿线各国各项指数大于 1、小于 1 或等于 1 的情况。

结合表 5-9 的 DEA-Malmquist 指数测算结果及图 5-1，可以看到：(1) 就 TFP 指数而言，36 个国家中有 21 个国家 TFP 指数大于 1，占比接近 6 成，说明多数"一带一路"沿线国家在能源 PPP 项目上实现了效率增加，在这 21 个 TFP 增长的国家中，除斯里兰卡、伊朗及约旦外，剩余 18 个国家的 TFP 增长率均高于能源 TFP 的均值水平（4.9%，通过计算几何平均数得到），同时，有 11 个国家 TFP 指数小于 1，呈现效率衰退状态，占比接近 30%。总体来看，TFP 的变化可以概括为"6-3-1"模式，即 60%的国家能源 PPP 效率在增长，30%的国家 PPP 效率在衰退，而 10%国家在测算区间效率基本不变。(2) 就技术效率变化指数（EC）而言，有 24 个国家的 EC 指数大于 1，占比达到 67%，其中，菲律宾与俄罗斯是 EC 指数最高的两个国家[1]，增长率分别达到 59.8%、42.9%，反映出两国在能源 PPP 项目的经营与规模效应优势。此外，有 12 个国家的 EC 指数小于 1，未能通过合理经营与规模效应改善效率水平。(3) 技术变化指数（TC）的测算结果显示，有 18 个国家的 TC 指数大于 1，剩余 18 个国家的 TC 指数小于 1，反映了在能源 PPP 项目中，"一带一路"沿线国家外部技术环境并没有出现显著改善的趋势，需要进一步加强技术及制度

---

[1] 吕秋红和王晓东的研究认为菲律宾 PPP 项目兴起的原因是 1980—1990 年的电力危机，能源类项目为优先项目，能源类 PPP 积累了较为丰富的经验。

层面的合作。(4) 从技术效率变化指数 (EC) 分解的角度来看，纯技术效率 (PEC) 变化指数的测算结果显示，有 23 个国家的纯技术效率处于持续增长状态，其中菲律宾与俄罗斯为 PEC 增长最快的两个国家，分别达到 62.6%、43.7%，这与两国在能源 PPP 的深厚经验积累是分不开的，菲律宾的 PPP 项目以"能源优先"为考量，而俄罗斯是传统的能源大国，有相对成熟的经营管理体系。(5) 从规模效应变化指数 (SEC) 的测算来看，只有 5 个国家（中国、马来西亚、阿尔巴尼亚、马其顿、黑山）的 SEC 指数是高于 1 的，大多数国家处于收缩状态，说明未来通过规模效应改善能源 PPP 的技术效率目前来看潜力巨大，有较大的改进空间。

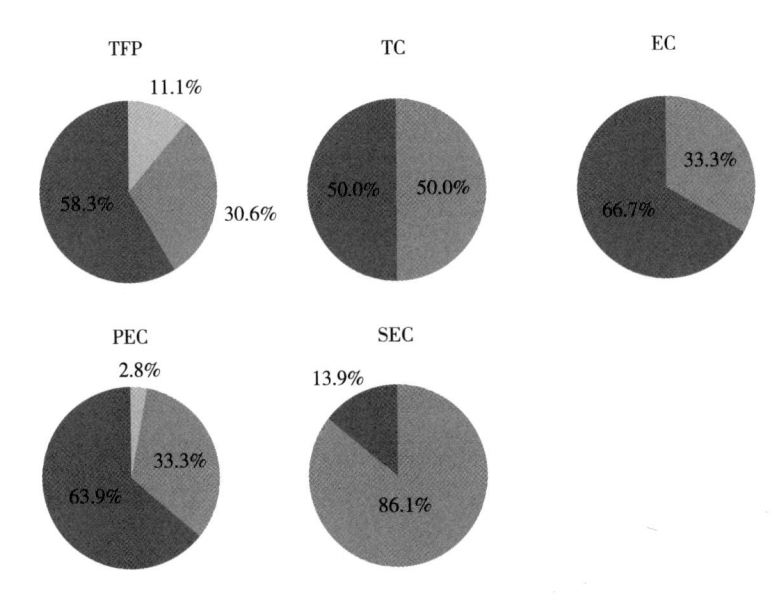

图 5-1 "一带一路"沿线国家 DEA-Malmquist 指数比例分布

资料来源：笔者根据测算得到的 DEA-Malmquist 指数，通过 Python 绘图得到①。

---

① 在 TFP 指数中，TFP>1 的国家数占比 58.3%，TFP=1 的国家数占比 11.1%，TFP<1 的国家数占比 30.6；在 TC 指数中，TC<1 与 TC=1 的国家数各占比 50%；EC 指数中，EC>1 的国家数占比 66.7%，EC<1 的国家数占比 33.3%；在 PEC 指数中，PEC>1 的国家数占比 63.9%，PEC<1 的国家数占比 33.3%，PEC=1 的国家数占比 2.8%；在 SEC 指数中，SEC>1 的国家数占比 13.9%，SEC<1 的国家数占比 86.1%。

表5-9　"一带一路"36个沿线国家DEA-Malmquist指数测算结果

国家	EC	TC	PEC	SEC	TFP
中国	1.024	1.058	1.023	1.001	1.084
印度尼西亚	0.792	1.033	0.798	0.992	0.818
柬埔寨	1.253	1.078	1.298	0.966	1.351
泰国	0.957	0.989	0.999	0.958	0.946
缅甸	1.076	0.984	1.086	0.991	1.059
老挝	0.78	1.031	0.793	0.984	0.804
菲律宾	1.598	1.045	1.626	0.983	1.669
越南	0.764	1.002	0.769	0.994	0.765
马来西亚	1.055	1.055	0.933	1.131	1.113
蒙古国	1.146	0.994	1.153	0.994	1.14
印度	1.253	0.975	1.271	0.986	1.222
孟加拉国	0.996	0.968	1.002	0.994	0.964
尼泊尔	1.214	1.05	1.277	0.951	1.275
斯里兰卡	0.988	1.051	1.008	0.98	1.038
巴基斯坦	1.142	1.105	1.166	0.979	1.262
阿富汗	0.95	0.994	0.955	0.994	0.944
哈萨克斯坦	1.119	0.963	1.126	0.994	1.079
塔吉克斯坦	1.015	0.985	1.035	0.981	1
乌克兰	0.813	0.974	0.818	0.994	0.792
亚美尼亚	1.021	0.963	1.027	0.994	0.983
俄罗斯	1.429	0.966	1.437	0.994	1.38
保加利亚	1.027	1.033	1.098	0.935	1.061
塞尔维亚	0.6	1.057	0.656	0.915	0.634
摩尔多瓦	1.038	0.963	1.044	0.994	1
格鲁吉亚	0.948	0.991	0.993	0.954	0.939
白俄罗斯	1.038	0.963	1.044	0.994	1
罗马尼亚	1.277	1.016	1.309	0.975	1.297
阿塞拜疆	1.024	0.976	1.033	0.992	1
阿尔巴尼亚	1.174	1.055	0.964	1.218	1.238

续表

国家	EC	TC	PEC	SEC	TFP
马其顿	1.35	1.031	1.058	1.276	1.392
黑山	1.093	1.018	1	1.093	1.113
伊拉克	1.112	0.972	1.119	0.994	1.082
伊朗	1.088	0.963	1.095	0.994	1.049
土耳其	1.217	0.999	1.238	0.983	1.217
埃及	0.767	1.01	0.838	0.915	0.774
约旦	0.991	1.014	0.997	0.994	1.005

资料来源：笔者利用 DEAP2.1 软件计算得到。

本小节通过对"一带一路"36个沿线国家能源类 PPP 的 DEA-Malmquist 指数进行测算，从不同层面分析了"一带一路"沿线国家 PPP 项目的效率状况。总体来看："一带一路"沿线国家在 TFP 指数表现方面遵循了"6-3-1"模式；菲律宾与俄罗斯是 EC 与 PEC 指数增长最快的两国，显示出在能源 PPP 的高效率；TC 指数的测算表明，外部技术环境的变化整体上并未显著改善"一带一路"沿线国家 PPP 项目的效率，各国需要加强技术合作；最后，SEC 指数的结果表明，规模效应在提升"一带一路"沿线国家 PPP 项目效率方面较有潜力，尚有改进空间。

第三节 "一带一路"沿线国家 PPP 效率与私人投资：一个基于面板 Tobit 模型的宏观分析

在第二节测算了"一带一路"沿线国家5个行业（能源、交通、水处理、ICT 及城市固体废物）及36个沿线国家的能源 PPP 的 DEA-Malmquist 指数，并通过 TFP 指数分解分析了 EC（技术效率变化指数）、TC（技术变化指数）、PEC（纯技术效率变化指数）及 SEC（规模效应变化）指数在行业及国家层面的表现，初步对"一带一路"沿线国家 PPP 项目的效率进行了宏观分析。

但是，PPP 项目 DEA-Malmquist 指数的测算没有回答"是什么因素推动了 PPP 基础设施效率的改善"这一问题。一方面，从 PPP 的概念属性来看，PPP 模式是公共部门与私人部门的合作关系，鉴于私人部门在管理及创新方面的优势，PPP 模式是一种私人部门代替传统政府提供基础设施与服务的安排；另一方面，从 PPP 的特征来看，PPP 通常是通过一个由私人企业或公共部门与私人企业组成的 SPV 来进行项目的投融资、建设与运营。因而，从本质上讲，私人投资是影响 PPP 基础设施效率的重要因素，本节将基于面板 Tobit 模型，从宏观层面研究私人投资与"一带一路"PPP 效率的关系，讨论私人投资是否改善了"一带一路"PPP 的效率这一问题。

关于私人投资与 PPP 效率的研究，一部分文献研究了影响私人资本参与 PPP 项目的因素。Hammami 等[1]认为市场需求是影响私人资本参与 PPP 项目的最重要因素，Sharma[2]、Emirullah[3] 等认为经济波动与投资环境也会影响私人资本对 PPP 项目的参与。此外，Panayides[4]、Moszoro[5] 的研究表明，政治及制度因素在发展中国家的 PPP 模式中发挥重要作用。从国内学者的研究看，杨丽花、王喆[6]在基于亚投行背景下对影响私人资本参与 PPP 项目的因素进行了分析，认为经济发展水平与人口因素是影响私人资本参与 PPP 的最重要因素。蔡

---

[1] Hammami, M., Ruhashyankiko, F., Yehoue, E., "Determinants of Public-Private Partnerships in Infrastructure" IMF Working Papers, No. 06/99, 2006.

[2] Sharma C., "Determinants of PPP in Infrastructure in Developing Economies", Transforming Government: People, Process and Policy, Vol. 6, No. 2, 2012.

[3] Emirullah, Chandra, and Muhammad Azam. "Examining Public Private Partnerships in ASEAN Countries: The Role of Investment Climate", *Theoretical and Applied Economics*, Vol. 21, No. 2, 2014, pp. 67-76.

[4] Panayides, Photis M., Francesco Parola, and Jasmine Siu Lee Lam, "The Effect of Institutional Factors on Public-Private Partnership Success in Ports." *Transportation Research Part A: Policy and Practice* Vol. 71, 2015, pp. 110-127.

[5] Moszoro, Marian, "Efficient Public-Private Capital Structures", Annals of Public and Cooperative Economics, Vol. 85, No. 1, 2014.

[6] 杨丽花、王喆：《私人资本参与 PPP 项目的影响因素分析——基于亚投行背景下的经验分析》，《亚太经济》2018 年第 11 期。

东方[1]针对 ICT 行业 PPP 项目的效率研究显示,"一带一路"沿线国家 PPP 的投资额对 PPP 的效率有显著促进作用,但是,该项研究并未对私人投资的作用进行研究。

另一部分文献涉及"最优的私人参与资本结构"问题研究,即私人投资比率为多少时达到 PPP 项目的最优成本,较有代表性的文献包括 Moszoro 和 Gasiorowski[2]、Moszoro[3]、Deng 等[4]、邓忠奇和陈甬军[5]等,这些文献多从知识转移效应与融资约束效应入手研究最优的资本参与度(本书将在下一章重点讨论该问题)。

总体而言,尚未有学者直接从宏观层面进行私人投资与 PPP 生产效率的实证研究。本节将基于面板 Tobit 模型对"一带一路"沿线国家 PPP 项目效率与私人投资的关系进行研究。

一 模型变量选择

(1) PPP 效率指标。本书选择本章第二节测算的"一带一路" 36 个沿线国家 2008—2018 年能源 PPP 的 DEA - Malmquist 指数作为 PPP 效率的代理变量,也是模型的被解释变量。数据来自 PPI 数据库,经测算得到。

(2) 私人投资额。这是核心解释变量,用私人投资额作为私人投资的代理变量,基于"私人投资能够显著促进 PPP 效率"的假设,预期回归系数为正,数据来自 PPI 数据库。

(3) 经济发展水平。经济发展水平越高,对基础设施的利用越充

---

[1] 蔡东方:《PPP 对基础设施效率的促进作用研究——基于"一带一路"沿线国家的实证检验》,《技术经济与管理研究》2019 年第 7 期。

[2] Moszoro M. W., Gasiorowski P., "Optimal Capital Structure of Public‐Private Partnerships", IMF Working Paper, No. WP 08/1, 2008.

[3] Moszoro, Marian, "Efficient Public‐Private Capital Structures", Annals of Public and Cooperative Economics, Vol. 85, No. 1, 2014.

[4] Deng Z., Song S., Chen Y., "Private Participation in Infrastructure Project and Its Impact on the Project Cost", China Economic Review, Vol. 39, 2016.

[5] 邓忠奇、陈甬军:《"一带一路"背景下融资方公私合营模式的资本结构分析》,《产业经济研究》2018 年第 3 期。

分，基础设施效率也会越高。① 模型采用人均 GDP 增长率作为经济发展水平的代理变量，相应的数据来自世界银行数据库。

（4）市场需求。Hammami 等②、杨丽花和王喆③的研究认为，市场需求是影响私人投资的最重要因素，按照 PPP 项目私人参与的特征，因而市场需求可能是影响 PPP 效率的因素。模型选择人口规模作为市场需求的代理变量，数据来自世界银行数据库。

（5）城市化水平。城市化水平越高的国家，PPP 等基础设施的建设、运营及管理的经验越丰富，效率会越高，本书选择城市人口占总人口的比例作为城市化水平的代理变量，数据来自世界银行数据库，下同。

（6）经济的开放度。经济的开放水平不同，可能会影响到 PPP 项目的成败，因而开放度可能是影响 PPP 效率的因素。模型选择进出口总额与 GDP 的比重作为经济开放度的代理变量。

（7）制度水平。制度质量会通过影响私人在 PPP 项目中的风险分担程度影响 PPP 的成效④，本书选择世界银行 WGI 数据库的制度指标作为制度水平的代理变量，WGI 数据库的制度指标包括政府效率（Government Effective，GE）、腐败控制（Control of Corruption，CC）、法治水平（Rule of Law，RL）、话语权与问责制（Voice and Accountability，VA）、政治稳定与非暴力（Political Stability and Absence of Violence/Terrorism，PS）、监管质量（Regulatory Quality，RQ）等 6 个指标。表 5-10 列示了包括名称、含义、来源数据库等有关变量的详细信息，表 5-11 列示了变量描述性统计结果。

---

① 蔡东方：《PPP 对基础设施效率的促进作用研究——基于"一带一路"沿线国家的实证检验》，《技术经济与管理研究》2019 年第 7 期。
② Hammami, M., Ruhashyankiko, F., Yehoue, E., "Determinants of Public-Private Partnerships in Infrastructure" IMF Working Papers, No. 06/99, 2006.
③ 杨丽花、王喆：《私人资本参与 PPP 项目的影响因素分析——基于亚投行背景下的经验分析》，《亚太经济》2018 年第 11 期。
④ 罗煜、王芳、陈熙：《制度质量和国际金融机构如何影响 PPP 项目的成效——基于"一带一路"46 国经验数据的研究》，《金融研究》2017 年第 4 期。

表 5-10　　　　　　　　　　　变量信息

变量名称	变量类型	含义	数据来源
TFP	被解释变量	全要素生产率	PPI 数据库
Inves_Private	核心解释变量	私人投资额	PPI 数据库
GDP_Ratio	解释变量	经济发展水平	世界银行 WDI 数据库
Market_Demand	解释变量	市场需求	世界银行 WDI 数据库
City_Ratio	解释变量	城市化水平	世界银行 WDI 数据库
Openess	解释变量	经济开放度	世界银行 WDI 数据库
GE	解释变量	政府效率	世界银行 WGI 数据库
CC	解释变量	腐败控制	世界银行 WGI 数据库
RL	解释变量	法治水平	世界银行 WGI 数据库
VA	解释变量	话语权与问责制	世界银行 WGI 数据库
PS	解释变量	政治稳定	世界银行 WGI 数据库
RQ	解释变量	监管质量	世界银行 WGI 数据库
region	控制变量	区域虚拟变量	世界银行 PPI 数据库
year	控制变量	年份虚拟变量	世界银行 PPI 数据库

资料来源：世界银行数据库。

此外，为排除区域、年份异质性的影响，Tobit 模型还加入了区域与年份虚拟变量，区域的划分按照表 3-3 的标准进行，该标准将"一带一路"沿线国家按区域划分为东亚、南亚、中亚、欧洲及中东与北非等 5 大区域。

二　面板 Tobit 模型设定与回归结果

从模型的数据类型来看，本书研究的是 2008—2018 年"一带一路" 36 个沿线国家的 PPP 项目面板数据，从被解释变量的取值看，所有被解释变量的取值均大于 0，应选择归并数据（censored data）的 Tobit 面板模型，模型设定如下：

$$y_{it} = \begin{cases} y_{it}^*, & y_{it}^* > 0 \\ 0, & y_{it}^* \leq 0 \end{cases} \quad (5-8)$$

其中，$y_{it}^* = x'_{it}\beta + u_i + \varepsilon_{it}$，$y_i^*$ 不可观测，随机干扰项 $\varepsilon_{it} \sim N(0,$

σ^2），u_i 为个体效应。①

为了排除经济发展水平、市场需求等控制变量与私人投资可能存在的相关性问题，选择滞后一期的控制变量作为进入面板 Tobit 模型的变量，其他变量选择当期值，表 5-11 列示了变量的描述性统计信息。

表 5-11　　　　　　　　　变量描述性统计结果

变量名称	观测值	均值	标准差	最小值	最大值
TFP	396	6.85957	26.23293	0.010531	257.48
SEC	396	1.33161	1.71591	0.411759	11.4154
PEC	396	5.696074	24.30453	0.014718	340.3692
TC	396	1.100183	0.423568	0.583918	2.716813
EC	396	6.13783	25.84254	0.005945	388.6182
Inves_Private	396	1106.914	2641.12	4.16	29439.07
GDP_Ratio（-1）	396	3.025289	3.725606	-14.3793	18.51537
Market_Demand（-1）	396	1.167039	2.95124	0.006159	13.86395
City_Ratio（-1）	396	0.507189	0.187114	0.15781	0.90747
Openess（-1）	395	0.814125	0.359837	0.001674	2.003846
GE（-1）	396	-0.33562	0.538767	-1.6179	1.238987
CC（-1）	396	-0.61203	0.459412	-1.67288	0.785901
RL（-1）	396	-0.51553	0.508544	-1.89663	0.588296
VA（-1）	396	-0.60388	0.699184	-2.21349	0.690935
PS（-1）	396	-0.64288	0.837862	-2.81004	0.816265
RQ（-1）	396	-0.32067	0.626093	-2.26762	1.053121

资料来源：笔者根据能源面板数据整理得到，其中，（-1）表示变量滞后一期。

为了更为详尽地研究私人投资额与沿线国家 PPP 项目效率的关系，本书分别用本章第二节测算得到的 2008—2018 年"一带一路"沿线国家能源 PPP 项目的 TFP 指数、TC 指数、EC 指数、PEC 指数、SEC 指数作为被解释变量，对 2008—2018 年 36 个国家 396 个样本观

---

① 陈强：《高级计量经济学及 Stata 应用》，高等教育出版社 2014 年第 2 版，第 325 页。

测值的面板数据进行回归①，面板 Tobit 模型的回归结果如表 5-12 所示，表 5-12 的第（1）—（5）列分别为被解释变量为 TFP、EC、PEC、SEC、TC 时的回归结果②。回归的 LR 统计量在 1% 显著性水平下显著，表明存在显著的个体效应，选择面板 Tobit 随机效应模型是恰当的，回归模型的选择是适当的。

表 5-12　　　　　　　　　面板 Tobit 模型回归结果

回归变量	（1） TFP	（2） EC	（3） PEC	（4） SEC	（5） TC
Inves_Private	0.110** (2.07)	0.138*** (2.70)	0.144*** (3.08)	0.001 (0.34)	0.002 (1.14)
GDP_Ratio (−1)	0.550* (1.70)	0.534* (1.71)	0.518* (1.82)	−0.008 (−0.51)	0.016*** (3.17)
Market_Demand (−1)	0.289 (0.29)	0.610 (0.60)	0.655 (0.65)	0.039 (0.47)	0.034** (2.28)
City_Ratio (−1)	0.560 (0.04)	18.506 (1.16)	13.993 (0.89)	0.797 (0.62)	0.587** (2.47)
Openess (−1)	0.361 (0.05)	3.054 (0.46)	2.901 (0.46)	0.008 (0.02)	0.246** (2.38)
GE (−1)	−3.819 (−0.44)	−7.539 (−0.87)	−6.991 (−0.87)	0.138 (0.29)	0.190 (1.45)
CC (−1)	−11.506 (−1.32)	−11.436 (−1.33)	−7.501 (−0.93)	−0.478 (−1.00)	−0.167 (−1.23)
RL (−1)	2.730 (0.26)	8.534 (0.82)	7.350 (0.76)	0.394 (0.68)	−0.042 (−0.27)
VA (−1)	−1.117 (−0.24)	−1.526 (−0.32)	−1.406 (−0.31)	−0.718** (−2.08)	0.095 (1.34)

① 实际进入回归的有 395 个样本，其中 1 个样本缺失。
② 限于篇幅，未具体列示年份虚拟变量及区域虚拟变量的回归系数。

续表

回归变量	（1）	（2）	（3）	（4）	（5）
	TFP	EC	PEC	SEC	TC
PS (−1)	1.164	−1.023	−0.191	0.089	0.183***
	(0.41)	(−0.36)	(−0.07)	(0.55)	(3.90)
RQ (−1)	9.779	8.131	5.266	0.939**	0.015
	(1.30)	(1.09)	(0.74)	(2.09)	(0.13)
常数项	2.948	−5.663	−2.210	0.883	1.698***
	(0.24)	(−0.46)	(−0.18)	(0.98)	(9.22)
σ_u	14.106***	14.867***	15.107***	1.363***	0.211***
	(6.59)	(6.80)	(7.01)	(7.61)	(6.06)
σ_e	21.406***	20.613***	18.713***	1.018***	0.332***
	(26.63)	(26.63)	(26.63)	(26.63)	(26.41)
ρ	0.303	0.342	0.395	0.642	0.288
	(−1.63)	(−1.98)	(−2.01)	(−0.01)	(0.01)
样本数	395	395	395	395	395
LR 统计量	68.52***	82.65***	104.08***	260***	54.31***

从 Tobit 回归结果看，核心解释变量—私人投资在回归（1）-（3）的回归系数显著为正，在回归（4）-（5）虽然为正，但并不显著。因而，私人投资能够显著改善 PPP 项目的 TFP，私人投资增加 1 个单位，TFP 平均增加 0.11 个单位[①]，同时，从具体的效率指标分解来看，私人投资主要改善的是纯技术效率（PEC）指数，私人部门的加入会通过改善项目的建设、运营与管理来提升项目的效率水平。相对而言，私人投资并没有显著改善规模效率变化指数及技术变化指数，也就是说，私人投资并不是规模效率及技术变化改善的原因。从经济发展水平的回归结果看，除规模效应变化指数外，所有效率指标

---

① 从严格意义上讲，平均边际效应统计量更适合用来解释这种变化关系，稳妥起见，本书同样计算了所有解释变量的平均边际效应，计算结果与回归系数非常接近，故而用回归系数来解释这种变化。

均显著为正，这一结果表明经济水平的提升对效率的改善既可以通过外部路径（TC，技术变化），也可以通过内部途径（PEC，技术效率变化指数）来实现。

此外，市场需求、城市化水平及经济开放度的回归结果除 TC 效率指数显著为正外，其余均不显著，特别是 TFP 指数并未出现显著上升的情况。从效率指标分解的角度讲看似是矛盾的，实则不然。比较这三个控制变量 EC 与 TC 的回归系数可以发现，EC 系数要远大于 TC，EC 是效率改善的主要方面，市场需求等变量虽然能显著改善 TC 指数，但无法实现技术效率变化指数的改善，因而一定程度上后一种效应"抵消了"前一种效应，整体而言未实现 TFP 整体的改善。

最后，制度变量的回归结果对效率指标的影响主要体现在 SEC 指数与 TC 指数上。VA（话语权与问责制）显著减少了规模效应变化指数（系数为 -0.718），这与 Hammami 等[1]以及 Galilea 和 Medda[2] 的研究结果并不一致，一般而言，民主程度越高，VA 指数越高，这样更有利于发挥私人的独特优势，增加效率，但是，也有学者的研究表明，一定程度的资源与权力的集中会增加政府的动员力与行动力，提升效率水平[3]，因而，VA 指数的上升也会削弱规模效应。此外，监管水平能显著改善 SEC 指数，从 TC 指数对制度变量的回归来看，只有政治稳定的系数显著为正，政治稳定度越高的国家外部技术变化指数改善越明显。

通过"一带一路"36 个沿线国家的面板 Tobit 模型可以得到如下结论：（1）总体而言，私人投资能够显著提升"一带一路"沿线国家能源 PPP 项目的总体效率水平，边际效应达到 11%，总体效率水平的改善是通过纯技术效率的改善实现的。（2）经济发展水平能够

---

[1] Hammami, M., Ruhashyankiko, F., Yehoue, E., "Determinants of Public-Private Partnerships in Infrastructure" IMF Working Papers, No. 06/99, 2006.

[2] Galilea P., Medda F., "Does the Political and Economic Context Influence the Success of a Transport Project? An Analysis of Transport Public-private Partnerships", Research in Transportation Economics, Vol. 30, No. 1, 2010.

[3] 罗煜、王芳、陈熙：《制度质量和国际金融机构如何影响 PPP 项目的成效——基于"一带一路"46 国经验数据的研究》，《金融研究》2017 年第 4 期。

显著提升"一带一路"沿线国家的PPP项目效率水平,这种提升是通过技术变化与技术效率变化的提升共同实现的。(3)市场需求、城市化水平及经济开放度能显著提升技术变化水平,但无法显著提升PPP项目整体的效率水平。(4)制度变量对"一带一路"沿线国家PPP效率指标的影响主要体现在规模效应与外部技术变化上,良好的政治稳定性有利于外部技术环境的改善,而一定程度的权力集中与良好的监管水平会提升项目的规模效率水平,民主程度的改善反而会削弱PPP项目的效率。

三 回归模型的稳健性检验

为保证面板Tobit回归模型结论的稳健性,本小节对该模型进行稳健性检验。私人投资PPP项目在不同发展水平、开放程度及制度差异的国家可能存在异质性,按照世界银行2018年的收入划分标准①,本书将36个国家划分为中高收入国家、中低收入国家及低收入国家等3种类型,具体如表5-13所示。同时考虑到低收入水平国家较少,在实际的面板Tobit模型分样本回归中,本书将中低收入国家与低收入国家合并为一组进行回归,这样回归的样本包括:(1)中高收入国家;(2)中高收入以下的国家。

表5-13　　　　　　　　国家收入类型划分

国家收入类型	包含国家
中高收入国家	中国、泰国、马来西亚、斯里兰卡、哈萨克斯坦、伊拉克、伊朗、俄罗斯、白俄罗斯、格鲁吉亚、保加利亚、罗马尼亚、阿尔巴尼亚、亚美尼亚、塞尔维亚、阿塞拜疆、土耳其、约旦、马其顿、黑山
中低收入国家	印度、印度尼西亚、巴基斯坦、孟加拉国、蒙古国、缅甸、柬埔寨、老挝、越南、菲律宾、乌克兰、摩尔多瓦、埃及
低收入国家	阿富汗、尼泊尔、塔吉克斯坦

资料来源:按照世界银行2018年国家收入划分标准整理得到。

① 按照世界银行2018年的收入划分标准,人均国民收入高于12375美元为高收入国家,人均国民收入介于3996—12375美元为中高收入国家,人均国民收入介于1026—3995美元为中低收入国家,低于1025美元为低收入国家。

此外，考虑到私人投资可能存在的内生性问题，本书选择滞后两期的私人投资作为私人投资的工具变量，其他控制变量取滞后一期，按照收入类型分样本面板 Tobit 回归模型结果分别如表 5-14 和表 5-15 所示。

表 5-14　　　　中高收入国家面板 Tobit 模型的回归结果

回归变量	（1）TFP	（2）EC	（3）PEC	（4）SEC	（5）TC
Inves_Private（-2）	0.341*** (3.49)	0.474*** (3.59)	0.460*** (4.04)	0.004 (0.56)	0.002 (0.45)
GDP_Ratio（-1）	0.419** (2.18)	0.582** (2.23)	0.524** (2.29)	-0.011 (-0.40)	0.015** (2.25)
Market_Demand（-1）	0.372 (0.29)	0.780 (0.44)	0.807 (0.48)	0.143 (0.86)	0.022* (1.92)
City_Ratio（-1）	28.715 (1.30)	49.891 (1.62)	46.754 (1.62)	1.402 (0.51)	0.663 (1.52)
Openess（-1）	7.532 (0.88)	11.240 (0.96)	11.571 (1.11)	0.013 (0.02)	0.287 (1.59)
GE（-1）	-6.536 (-0.68)	-9.773 (-0.75)	-7.467 (-0.66)	-0.077 (-0.09)	-0.012 (-0.06)
CC（-1）	-12.033 (-1.14)	-15.880 (-1.10)	-10.686 (-0.83)	-0.541 (-0.59)	-0.269 (-1.23)
RL（-1）	9.051 (0.75)	15.312 (0.94)	12.653 (0.88)	0.919 (0.87)	0.191 (0.82)
VA（-1）	0.110 (0.02)	0.818 (0.09)	1.667 (0.21)	-1.512** (-2.19)	0.065 (0.51)
PS（-1）	-2.648 (-0.74)	-4.243 (-0.87)	-3.244 (-0.75)	0.301 (0.94)	0.259*** (2.94)
RQ（-1）	7.920 (0.93)	7.081 (0.61)	2.178 (0.21)	1.674** (2.06)	0.025 (0.13)
样本数	220	220	220	220	220
LR 统计量	42.70***	47.63***	61.00***	138.49***	13.02***

注：（ ）内为 t 统计量，*、**、*** 分别表示变量在 10%、5%、1% 显著性水平下显著，限于篇幅，部分统计量未予显示。

资料来源：通过 Stata 计算得到。

表 5-15　　　　　中高收入以下国家面板 Tobit 模型的回归结果

回归变量	（1）TFP	（2）EC	（3）PEC	（4）SEC	（5）TC
Inves_Private（-2）	0.050***	0.047**	0.059**	0.003	0.001
	(2.70)	(2.17)	(2.34)	(0.78)	(1.25)
GDP_Ratio（-1）	0.722**	0.421**	0.482	0.004	0.018**
	(2.22)	(2.25)	(1.31)	(0.04)	(2.42)
Market_Demand（-1）	0.760	0.898	1.139	0.012	0.055**
	(0.43)	(0.94)	(1.04)	(1.01)	(2.05)
City_Ratio（-1）	52.163*	28.024*	-30.690	0.001	-0.549
	(1.70)	(1.68)	(-1.57)	(0.02)	(-1.10)
Openess（-1）	1.064	0.468	0.511	0.129**	-0.188
	(0.11)	(0.09)	(0.09)	(2.40)	(-1.40)
GE（-1）	1.414	-1.276	-2.128	0.034	0.491**
	(0.10)	(-0.16)	(-0.23)	(0.43)	(2.39)
CC（-1）	-17.105	-7.493	-6.690	0.406***	-0.070
	(-1.13)	(-0.88)	(-0.71)	(5.56)	(-0.36)
RL（-1）	-17.561	-10.907	-12.995	-0.082	-0.235
	(-0.95)	(-1.05)	(-1.11)	(-0.87)	(-0.96)
VA（-1）	2.610	0.991	0.095	0.073	0.149
	(0.31)	(0.21)	(0.02)	(1.36)	(1.15)
PS（-1）	6.449	3.427	4.133	0.022	0.126**
	(1.49)	(1.42)	(1.52)	(0.96)	(2.08)
RQ（-1）	26.570	16.729*	19.790**	0.153*	-0.141
	(1.63)	(1.88)	(1.98)	(1.75)	(-0.63)
样本数	175	175	175	175	175
LR 统计量	8.22***	6.46***	9.26***	40.47***	24.86***

注：（ ）内为 t 统计量，*、**、*** 分别表示变量在 10%、5%、1% 显著性水平下显著，限于篇幅，部分统计量未予显示。

资料来源：通过 Stata 计算得到。

从表 5-14 和表 5-15 的回归结果看：（1）无论是对中高收入国家还是中低收入国家（包括低收入国家），私人投资对于全要素生产率（TFP）的增加都有显著促进作用，并且对于中高收入国家而言，这种促进作用（0.341）要高于中低收入国家（0.050）；（2）对于中低收入国家而言，经济发展水平对于全要素增长率的促进作用（0.722）要高于中高收入国家（0.419）；（3）对于中低收入国家而言，城市化水平的提高能够显著改善全要素生产率水平，而对中高收入国家而言，这种改善作用并不明显；（4）此外，无论对于中高收入国家还是中低收入国家，市场需求、开放度及制度因素未能显著提升全要素生产率水平，只对部分效率指标有改善作用（例如，无论是对中高收入还是中低收入国家，市场需求的提升会显著提升技术效率TC）。

进一步地，本书第三章第二节的数据可视化结果表明（见图 3-4 和图 3-5），"一带一路"沿线国家 PPP 项目在整个时间段波动性较大，阶段性明显（时间趋势特征），以 2010 年为时间节点，可以将私人投资额与项目投资额分为上升段与下降段，2010 年之前为上升段，2010 年之后为下降段。作为本模型的核心解释变量，私人投资额的时间性趋势变化可能会对 PPP 项目的生产率有着异质性影响。

本小节将采用类似的思路，将整个样本按照 2010 年为时间节点分为两部分进行分样本回归，从时间维度进一步检验结论的稳健性。具体而言，将 2008—2010 年的样本分为一类，称之为"上升段"回归样本；2011—2018 年的样本则为"下降段"回归样本。按照时间维度面板 Tobit 模型的回归结果分别如表 5-16 和表 5-17 所示。

表 5-16　"上升段"（2008-2010）样本的面板 Tobit 模型的回归结果

回归变量	(1) TFP	(2) EC	(3) PEC	(4) SEC	(5) TC
Inves_Private (-2)	0.110***	0.211**	0.109*	0.002	0.003
	(3.1)	(2.32)	(1.65)	(0.39)	(0.05)
GDP_Ratio_ (-1)	0.291**	0.316	0.274	0.003	0.002
	(2.31)	(1.32)	(1.36)	(0.19)	(0.13)
Market_Demand (-1)	0.098	0.099	0.066	0.022	0.004
	(0.21)	(0.19)	(0.15)	(0.58)	(1.06)

续表

回归变量	（1）TFP	（2）EC	（3）PEC	（4）SEC	（5）TC
City_Ratio（-1）	13.925**	15.223**	12.056**	0.327	0.112**
	(2.07)	(2.09)	(1.97)	(0.62)	(2.30)
Openess（-1）	-2.487	-2.788	-2.678	0.169	0.038*
	(-0.80)	(-0.82)	(-0.94)	(0.69)	(1.66)
GE（-1）	7.660	8.239	6.018	0.824**	0.027
	(1.64)	(1.63)	(1.42)	(2.26)	(0.81)
CC（-1）	11.340**	12.270**	9.244*	-0.514	0.015
	(2.03)	(2.03)	(1.82)	(-1.18)	(0.38)
RL（-1）	-0.299	-0.368	-0.796	0.034	-0.011
	(-0.05)	(-0.06)	(-0.15)	(0.07)	(-0.26)
VA（-1）	0.692	0.727	0.576	0.115	0.012
	(0.34)	(0.33)	(0.31)	(0.73)	(0.84)
PS（-1）	-0.205	-0.210	-0.160	0.032	-0.002
	(-0.14)	(-0.13)	(-0.12)	(0.27)	(-0.19)
RQ（-1）	0.296	0.367	0.656	-0.263	-0.008
	(0.09)	(0.10)	(0.22)	(-1.04)	(-0.33)
样本数	108	108	108	108	108
LR 统计量	56.85***	55.64***	82.54***	119.44***	60.23***

注：（　）内为 t 统计量，*、**、*** 分别表示变量在 10%、5%、1%显著性水平下显著，限于篇幅，部分统计量未予显示。

资料来源：通过 Stata 计算得到。

表 5-17 "下降段"（2011—2018）样本的面板 Tobit 模型的回归结果

回归变量	（1）TFP	（2）EC	（3）PEC	（4）SEC	（5）TC
Inves_Private（-2）	0.104**	0.113**	0.123*	0.002	0.002
	(2.17)	(2.28)	(1.66)	(0.57)	(1.26)
GDP_Ratio（-1）	0.251***	0.360	0.282	0.004	0.016**
	(4.9)	(0.70)	(0.61)	(0.20)	(2.13)

续表

回归变量	(1) TFP	(2) EC	(3) PEC	(4) SEC	(5) TC
Market_Demand (-1)	0.715 (0.57)	0.897 (0.73)	1.031 (0.83)	-0.031 (-0.32)	0.043** (2.24)
City_Ratio (-1)	7.131 (0.36)	21.035 (1.07)	16.558 (0.84)	0.263 (0.17)	0.773** (2.52)
Openness (-1)	4.811 (0.50)	-2.892 (-0.30)	-1.955 (-0.21)	0.518 (0.96)	-0.238 (-1.59)
GE (-1)	-13.107 (-1.18)	-15.053 (-1.36)	-15.457 (-1.51)	0.712 (1.46)	0.211 (1.29)
CC (-1)	10.992 (0.98)	14.414 (1.30)	9.931 (0.95)	-0.620 (-1.21)	0.338* (1.94)
RL (-1)	-2.642 (-0.19)	4.003 (0.30)	3.465 (0.28)	-0.523 (-0.85)	0.059 (0.29)
VA (-1)	-1.281 (-0.21)	-2.313 (-0.38)	-2.502 (-0.42)	-0.126 (-0.34)	0.164* (1.75)
PS (-1)	0.404 (0.10)	-1.154 (-0.30)	-0.387 (-0.11)	0.252 (1.34)	0.145** (2.44)
RQ (-1)	19.963** (2.00)	18.791* (1.90)	15.917* (1.69)	0.611 (1.22)	-0.011 (-0.07)
样本数	287	287	287	287	287
LR 统计量	66.95***	66.52***	92.45***	309.44***	67.33***

注：( ) 内为 t 统计量，*、**、*** 分别表示变量在 10%、5%、1% 显著性水平下显著，限于篇幅，部分统计量未予显示。

资料来源：通过 Stata 计算得到。

比较"上升段"（2008—2010 年）与"下降段"（2011—2018 年）的面板 Tobit 模型的回归结果（见表 5-16 和表 5-17），不难看出：(1) 无论是在私人投资额的"上升段"还是"下降段"，私人投资都显著推动了全要素生产率（TFP）的增长，其中，在"上升段"的推动作用（0.110）要略高于"下降段"（0.104）。(2) 经济发展水平在"上升段"的全要素生产效率改善作用（0.291）要高于"下降段"的作用（0.251），呈现出一定的非对称性。（3）城市化水平对"上升段"的 TFP 起到了显著提升作用，而"下降段"并没有类似的提升效应。（4）市场需求与开放度无论是在"上升段"还是"下降段"都未能改善 TFP。（5）制度变量在"上升段"与"下降段"的作用具有非对称性。在"上升段"，良好的腐败控制能够有效改善 TFP，而在"下降段"，腐败控制对于 TFP 的改善没有显著的作用，此时需要更加有效的政府监管，才能提升 TFP 的水平。

通过对面板 Tobit 模型分别进行国家收入层面及时间层面的稳健性检验，结果表明：（1）私人投资能够显著改善 TFP、EC、PEC 水平，在中高收入国家或私人投资处于"上升段"的情形下，私人投资对于 TFP 的改善作用要高于中低收入国家或私人投资处于"下降段"的情形。（2）经济发展水平及城市化水平对于 TFP 的提升作用在中低收入国家或私人投资处于"上升段"的情形下更为明显。（3）市场需求及开放度未能显著改善 TFP。（4）从时间层面看，制度变量对 TFP 的作用具有非对称性，腐败控制在"上升段"的改善作用明显，而良好的监管质量在"下降段"则发挥显著的作用。

第四节　本章小结

本章旨在从宏观角度基于 DEA-Malmquist 指数对"一带一路"沿线国家 PPP 项目进行效率分析。本章首先介绍了 DEA 的相关理论，并重点介绍了 DEA-Malmquist 指数的相关内容，接下来，本章测算了"一带一路"沿线国家 5 个行业 2008—2018 年的 DEA-Malmquist 指数，测算结果表明，纯技术效率的改善是 PPP 整体效率改善的重要因素，分行业来看，能源、交通及 ICT 行业的总体效率在增加；随后，测算了"一带一路"沿线国家分区域的效率指数，其中，东亚与欧洲区域在全行业 TFP 实现增长；接下来测算了"一带一路"沿线国家 2008—2018 年能源 PPP 的 DEA-Malmquist 指数，并针对测算结果详细分析了各国效率指标的特征；最后，基于 2008—2018 年测算得到的国家层面 DEA-Malmquist 指数，从私人投资角度研究 PPP 效率增长的驱动因素，面板 Tobit 模型的结果显示，私人投资显著提升了"一带一路"沿线国家 PPP 的效率水平，并从国家收入层面及时间层面对这一结论进行了稳健性检验，为下一章的微观机制分析奠定了基础。

第六章 PPP效率与最优私人参与度的微观机制研究

在第五章第三节基于DEA-Malmquist指数研究了2008—2018年"一带一路"沿线国家PPP项目效率与私人投资的问题,结果证实私人投资能够显著提升PPP整体的效率水平,需要指出的是,这只是宏观层面的一个结果,并未从微观角度更深层次地分析私人投资(私人参与)如何影响PPP项目的效率。

从私人部门与公共部门的比较来看,一方面,私人部门具有包括管理技能及行业专业知识在内的优势[1],具有更高的管理效率与生产率[2],随着私人部门的参与,PPP项目的成本会降低,也就是私人部门的参与存在"知识转移"效应;另一方面,公共部门相对于私人部门具有更低的融资成本,面临较低的融资约束。[3] 上述两种效应的存在会影响私人的最优资本比例,即"私人部门以多少比例参与公私合营项目(PPP)时,能达到项目成本最优化"。[4][5]

本章将在第五章第三节的基础上,从"融资约束"效应与"知识

---

[1] Stephen H. Linder. "Coming to Terms with the Public-Private Partnership: A Grammar of Multiple Meanings", *American Behavioral Scientist*, Vol. 43, No. 1, 1999, pp. 35-51.

[2] Karpoff J. M., "Public Versus Private Initiative in Arctic Exploration: The Effects of Incentives and Organizational Structure", *Journal of Political Economy*, Vol. 109, No. 1, 2001, pp. 38-78.

[3] Deng Z., Song S., Chen Y., "Private Participation in Infrastructure Project and Its Impact on the Project Cost", *China Economic Review*, Vol. 39, 2016, pp. 63-76.

[4] Moszoro, Marian, "Efficient Public-Private Capital Structures", *Annals of Public and Cooperative Economics*, Vol. 85, No. 1, 2014, pp. 103-126.

[5] 邓忠奇、陈甬军:《"一带一路"背景下融资方公私合营模式的资本结构分析》,《产业经济研究》2018年第3期。

转移"效应两大微观机制入手研究私人最优参与度与 PPP 效率的问题。在 Moszoro、邓忠奇与陈甬军的基础上，本章进一步考虑存在"知识转移"效应及"融资约束"效应下的最优私人参与度问题，并通过 SFA 模型验证上述两种微观效应。

本章的结构如下：首先，介绍 PPP 项目最优私人参与度的基准模型；然后，在基准模型的基础上，改变项目的成本支出结构，构建支出可变型最优私人参与度模型；接下来通过对项目成本函数进行参数模拟，直观地比较两种模型的比较静态性质；最后，利用"一带一路"41 个沿线国家 2008—2018 年能源与交通运输业的 2127 个 PPP 项目数据，通过 Tobit 模型验证私人参与度与项目成本的 U 形关系特征，并通过与 SFA 模型识别"融资约束"效应与"知识转移"效应。

第一节 基准模型

一 模型设定

（1）在纯私人模式下，项目总投资取决于该项目提供的商品或服务数量 s、服务或服务质量 q 及项目的存续期 t，即 $I=I(s, q, t)$，并且满足：$I_s>0$，$I_q>0$；

（2）私人部门的参与程度（私人资本份额）记为 θ，$0 \leq \theta \leq 1$。那么，在纯私人模式下，$\theta=1$；PPP 模式下，$0<\theta<1$；纯公共模式下，$\theta=0$；

（3）按照 Moszoro 的处理思路，每期的支出相等，均为 $f(s, q)$，根据现金流折现法的基本原理，总支出应为各期现金流的折现之和，即下式成立：

$$I(s, q, t)=f(s, q)\left[\frac{1}{1+r}+\frac{1}{(1+r)^2}+\cdots+\frac{1}{(1+r)^t}\right] \tag{6-1}$$

（4）私人部门的参与可以提高项目的管理水平，减少项目成本，提高项目的效率，称之为"知识转移效应"。记 $h(\theta)J(I)$ 为知识转移程度，其中 $h(\theta)$ 为知识转移函数，$J(I)$ 为知识转移系数，指转移的知识总量,为讨论的方便,假定 $J(I)$、$h(\theta)$ 满足:$J(0)=0$,$J(I)>0$,$J'(I)>0$;$h(0)=-1$,$h(1)=0$,$h'(\theta)>0$,$h''(\theta)<0$;

(5) 私人部门折现率为 r_{pr},公共部门折现率为 r_{pu},由融资约束效应,$r_{pr}>r_{pu}$。

如果 $t\to\infty$,根据式(6-1),由级数求和公式可以得到:$I(s,q)=f(s,q)r$,那么 $f(s,q)\approx I(s,q)r$。这表明,如果折现因子较高,那么每期的项目支出就会越高。私人部门相对于公共部门的融资成本较高,也就是面临所谓的"融资约束"效应,PPP 模式通过公共部门的加入可以减弱融资约束效应。同时,私人部门的参与会带来所谓的"知识转移"效应,提高项目的管理效率,减少项目的成本。在不考虑私人部门参与对于项目质量的影响的情况下,PPP 模式的成本函数如下:

$$f(s,q,\theta)=\theta I(s,q)r_{pr}+(1-\theta)[I-h(\theta)J(I)]r_{pu} \quad (6-2)$$

那么,最优私人参与问题归结为对于式(6-2)求解最优的私人参与度 θ。式(6-2)的一阶条件如下:

$$\frac{\partial f}{\partial \theta}=I(r_{pr}-r_{pu})+h(\theta)J(I)r_{pu}-(1-\theta)h'(\theta)J(I)r_{pu}=0$$

变形得到:

$$(1-\theta^*)h'(\theta^*)-h(\theta^*)=\frac{I(r_{pr}-r_{pu})}{Jr_{pu}}\triangleq I_{PPP} \quad (6-3)$$

那么,式(6-3)即为 PPP 模式下私人最优参与度的表达式。为进一步讨论的方便,记 $g(\theta)=(1-\theta)h'(\theta)-h(\theta)$,容易得到 $g(\theta)$ 满足:(1) $g'(\theta)<0$,$g(\theta^*)=I_{PPP}$;(2) $\theta\in(0,\theta^*)$,$g(\theta)>I_{PPP}$;$\theta\in(\theta^*,1)$,$g(\theta)<I_{PPP}$。据此可以判定 PPP 项目的成本函数呈 U 形特征,同时,考虑到 θ^* 的存在性,由零点定理,还应施加约束:$[(\partial f/\partial \theta)|\theta=0]\cdot[(\partial f/\partial \theta)|\theta=1]<0$,根据模型的设定,该约束要求:

$$\frac{r_{pr}-r_{pu}}{r_{pu}}<\frac{[1+h'(0)]J}{I} \quad (6-4)$$

在模型设定及式(6-4)满足的情形下,基准 PPP 模型表明,存在唯一的最优私人参与度 θ^*，并且项目的成本函数呈 U 形特征。即随着私人参与度的提高，项目成本呈现"先减少，后增加"的特征。

二 基准模型的比较静态分析

在 PPP 项目满足最优的私人参与度后，下面考虑：(1) 知识转移程度 (J/I)；(2) 私人相对融资成本 r_{pr}；(3) 公共部门的融资成本 r_{pu} 对于最优私人参与度的影响。根据 $g(\theta^*)=I_{PPP}$ 及 $g'(\theta)<0$，由链式法则及隐函数定理，易得如下结果：

$$\frac{\partial \theta^*}{\partial (J/I)} = -\left(\frac{I}{J} \cdot I_{PPP}\right) / [\partial g(\theta^*)/\partial \theta^*] > 0,$$ 即私人最优参与度随着知识转移程度的增加而增加；

$$\frac{\partial \theta^*}{\partial r_{pr}} = \left(\frac{I}{J} \cdot \frac{I}{r_{pu}}\right) / [\partial g(\theta^*)/\partial \theta^*] < 0,$$ 即私人最优参与度随着私人相对融资成本的增加而减少；

$$\frac{\partial \theta^*}{\partial r_{pu}} = \left(-\frac{I}{J} \cdot \frac{r_{pr}}{r_{pu}}\right) / [\partial g(\theta^*)/\partial \theta^*] > 0,$$ 即私人最优参与度随着公共部门融资成本的增加而增加。

三 基准模型下的项目模式选择

基于"最优私人参与度"模型已经求得最优的私人参与度，进一步地，要想确定项目的模式选择，即在何种情形下选择 PPP 模式，何种情形下选择纯公共模式（私有模式），需要考察纯公共模式与纯私人模式的项目成本。容易求得，纯公共模式的项目成本为 $(I+J)r_{pu}$，纯私人的项目成本为 Ir_{pr}，具体而言：

当 $Ir_{pr}>(I+J)r_{pu}$ 时，纯私人参与的项目成本高于纯公共模式，根据成本最小化原则，此时 PPP 模式、纯公共模式与纯私人模式中只有纯公共模式与 PPP 模式是可行选择，也就是，当 $JI<(r_{pr}-r_{pu})r_{pu}<J(1+h'(0))I$ 时，纯公共模式与 PPP 模式是可行选择。在两种可行选择模式中，记 θ_{pu}^* 为纯公共模式与 PPP 模式选择的临界私人参与度，那么 θ_{pu}^* 满足：

$$\theta_{pu}^* I r_{pr} + (1-\theta_{pu}^*)(I-h(\theta_{pu}^*)J(I))r_{pu} = (I+J(I))r_{pu}$$

变形得到：

$$(\theta_{pu}^*-1)h(\theta_{pu}^*)+\theta_{pu}^*I_{PPP}-1=0 \qquad (6-5)$$

因此，在满足 $JI<(r_{pr}-r_{pu})r_{pu}<J[1+h'(0)]I$ 的条件下，PPP 模式的有效区间为 $[0,\theta_{pu}^*]$，纯公共模式的有效区间为 $[\theta_{pu}^*,1]$。进一步做比较静态分析，可以得到如下结果。

$$\partial\theta_{pu}^*/\partial(J/I)=-\theta_{pu}^*\cdot\frac{1}{g(\theta_{pu}^*)-I_{PPP}}\cdot\frac{I}{J}\cdot I_{PPP}>0$$

$$\partial\theta_{pu}^*/\partial r_{pr}=\theta_{pu}^*\cdot\frac{1}{g(\theta_{pu}^*)-I_{PPP}}\cdot\frac{I}{J}\cdot\frac{1}{r_{pu}}<0$$

$$\partial\theta_{pu}^*/\partial r_{pu}=-\theta_{pu}^*\cdot\frac{1}{g(\theta_{pu}^*)-I_{PPP}}\cdot\frac{I}{J}\cdot\frac{r_{pr}}{r_{pu}^2}>0$$

上述结果表明，随着知识转移程度的增加、私人部门融资成本的相对减少及公共部门相对融资成本的增加，PPP 模式的边界 θ_{pu}^* 会增加，公有模式的边界会减小。

按照同样的思路，当 $0<(r_{pr}-r_{pu})r_{pu}<JI$ 时，私人模式的项目成本低于纯公共模式，纯私人模式与 PPP 模式为可行选择，为求 PPP 模式与纯私人模式的边界 θ_{pr}^*，该边界应满足：

$$\theta_{pr}^*Ir_{pr}+(1-\theta_{pr}^*)[I-h(\theta_{pr}^*)J(I)]r_{pu}=Ir_{pr}$$

变形得到：

$$-h(\theta_{pr}^*)=I_{PPP} \qquad (6-6)$$

在满足 $0<(r_{pr}-r_{pu})r_{pu}<JI$ 时，PPP 模式的有效区间为 $[\theta_{pr}^*,1]$，纯私有模式的区间为 $[0,\theta_{pr}^*]$。相应地，比较静态分析结果如下：

$$\frac{\partial\theta_{pr}^*}{\partial(JI)}=\frac{I}{J}\cdot\frac{1}{h'(\theta_{pr}^*)}\cdot I_{PPP}>0$$

$$\frac{\partial\theta_{pr}^*}{\partial r_{pr}}=-\frac{1}{h'(\theta_{pr}^*)}\cdot\frac{I}{J}\cdot\frac{1}{r_{pu}}<0$$

$$\frac{\partial\theta_{pr}^*}{\partial r_{pu}}=\frac{1}{h'(\theta_{pr}^*)}\cdot\frac{I}{J}\cdot\frac{r_{pr}}{r_{pu}^2}>0$$

上述结果表明，随着知识转移程度 J/I 的增加、私人部分融资成本 r_{pr} 的相对减少（融资约束效应减弱）及公共部门相对融资成本 r_{pu} 的增加，PPP 模式的边界 θ_{pr}^* 会增加，PPP 模式的有效区间变大。

根据基准模型,可以得到如下基本结论:(1) 在满足基本设定及最优资本参与的存在性约束条件下,PPP 项目的成本与私人参与度之间存在 U 形关系,并且存在唯一的最优私人参与度 θ^*。最优私人参与度(资本比例)随着知识转移程度的增加、私人相对融资成本的减少而增加;(2) 在满足 $JI<(r_{pr}-r_{pu})r_{pu}<J[1+h'(0)]I$ 的条件下,PPP 模式的有效区间为 $[0, \theta_{pu}^*]$,纯公共模式的有效区间为 $[\theta_{pu}^*, 1]$;(3) 在 $0<(r_{pr}-r_{pu})r_{pu}<JI$ 的条件下,PPP 模式的有效区间为 $[\theta_{pr}^*, 1]$,纯私有模式的有效区间为 $[0, \theta_{pr}^*]$;(4) 比较静态分析的结果表明,随着知识转移程度的增加(知识转移效应增强)及公共部门相对融资成本的增加,最优资本比例 θ^* 增加、PPP 模式与纯公共模式的边界 θ_{pu}^*、PPP 模式与纯私有模式的边界 θ_{pr}^* 逐渐扩展,而随着私人部门相对融资成本的增加(融资约束增强),θ^{**}、θ_{pu}^{**}、θ_{pr}^{**} 会减少。

第二节 扩展模型:增长型支出结构下的最优私人参与度模型

基准模型假定每期支出为 $f(s, q)$,为与时间无关的定值,本节放松该假定,认为每期支出取决于时间(其他设定与基准模型一致)。具体地,总支出由下面的公式描述:

$$I(s, q, t) = f(s, q)\left[\frac{1}{1+r}+\frac{2}{(1+r)^2}+\cdots+\frac{t}{(1+r)^t}\right] \quad (6-7)$$

由 $I(s, q, t)$ 的表达式可以看出,每期的支出随着时间的增加而增加,该拓展模型称之为"增长型"支出结构。按照基准模型的思路,为得到总支出,需要求解数列 $\sum_{t=1}^{n}tx^t$ 在 $x=1/(1+r)$ 处的数值。为研究的方便及模型之间的可比较性,将该数列转化为 $n\to\infty$ 时对函数项级数 $\sum_{t=1}^{\infty}tx^t$ 的求和。按照级数求和的一般思路,容易求得 $\sum_{t=1}^{\infty}tx^t=x/(1-x)^2$,代入 $x=1/(1+r)$,得到:

$$I(s, q, t) = I(s, q) = f(s, q) \cdot \left(\frac{1}{r} + \frac{1}{r^2}\right)$$

变形得到：

$$f(s, q) = I(s, q) \cdot \frac{r^2}{1+r} \quad (6-8)$$

用 θ 表示私人参与度，那么 PPP 模式下的项目成本函数可以写为：

$$f(s, q, \theta) = \theta I(s, q) \cdot \frac{r_{pr}^2}{1+r_{pr}} + (1-\theta)[I - h(\theta)J(I)] \cdot \frac{r_{pu}^2}{1+r_{pu}} \quad (6-9)$$

"增长型"支出结构下最优的资本结构应该满足 (6-9) 式的一阶条件为零，即：

$$\frac{\partial f}{\partial \theta} = I\left(\frac{r_{pr}^2}{1+r_{pr}} - \frac{r_{pu}^2}{1+r_{pu}}\right) + h(\theta)J(I)\frac{r_{pu}^2}{1+r_{pu}} - (1-\theta)h'(\theta)J(I)\frac{r_{pu}^2}{1+r_{pu}} = 0$$

$$(6-10)$$

变形得到：

$$(1-\hat{\theta})h'(\hat{\theta}) - h(\hat{\theta}) = \frac{I}{J}\left(\frac{r_{pr}^2}{1+r_{pr}} - \frac{r_{pu}^2}{1+r_{pu}}\right) \cdot \frac{1+r_{pu}}{r_{pu}^2} \triangleq \hat{I}_{PPP} \quad (6-11)$$

在"增长型"支出结构下，记 $g(\theta) = (1-\theta)h'(\theta) - h(\theta)$，容易得到 $g(\theta)$ 满足：(1) $g'(\theta) < 0$，$g(\hat{\theta}) = \hat{I}_{PPP}$；(2) $\theta \in (0, \hat{\theta})$，$g(\theta) > \hat{I}_{PPP}$；$\theta \in (\hat{\theta}, 1)$，$g(\theta) < \hat{I}_{PPP}$。据此可以初步得到公私合营项目的成本函数呈 U 形，这一特征与基准模型一致。同时，为确保 $\hat{\theta}$ 的存在性，根据零点定理，还应施加如下约束：

$$\left(\frac{r_{pr}^2}{1+r_{pr}} - \frac{r_{pu}^2}{1+r_{pu}}\right) \cdot \frac{1+r_{pu}}{r_{pu}^2} < \frac{J}{I}[1+h'(0)] \quad (6-12)$$

因此，在满足模型的基本设定及更为严格的存在性约束后，"增长型" PPP 项目成本函数呈 U 形特征，即在面临增长型支出结构时，项目总成本依然会呈现"先减少，后增加"的特征，并且存在唯一的最优私人参与度。

一 增长型支出结构模型的比较静态分析

按照基准模型类似的思路，考虑在增长型支出结构模型均衡状态下：(1) 知识转移程度（J/I）;(2) 私人相对融资成本 r_{pr};(3) 公共部门的融资成本 r_{pu} 对于 PPP 项目最优私人参与度的影响。根据 $g(\hat{\theta}) = \hat{I}_{PPP}$ 及 $g'(\theta) < 0$，易得如下结果：

$$\frac{\partial \hat{\theta}}{\partial (J/I)} = -\left(\frac{I}{J} \cdot \hat{I}_{PPP}\right) / [\partial g(\hat{\theta})/\partial \hat{\theta}] > 0$$，即随着知识转移程度的增加，最优资本结构比例增加;

$$\frac{\partial \hat{\theta}}{\partial r_{pr}} = \left(\frac{I}{J} \cdot \left(\frac{r_{pr}(r_{pr}+2)}{(1+r_{pr})^2}\right) \cdot \frac{1+r_{pu}}{r_{pu}^2}\right) / [\partial g(\hat{\theta})/\partial \hat{\theta}] < 0$$，即随着私人相对融资成本的增加，最优资本结构比例减少;

$$\frac{\partial \hat{\theta}}{\partial r_{pu}} = -\left(\frac{I}{J} \cdot \frac{r_{pu}+2}{r_{pu}^3} \cdot \frac{r_{pr}^2}{1+r_{pr}}\right) / [\partial g(\hat{\theta})/\partial \hat{\theta}] > 0$$，即随着公共部门融资成本的增加，最优资本结构比例减少。

二　增长型支出结构模型的项目模式选择

前文在基准模型下对 PPP 项目的模式选择进行了分析，得到了在不同的私人参与区间内项目是选择 PPP 模式，还是选择纯公有或纯私有模式，本小节考察在增长型支出结构条件下的模式选择问题。在增长型模型的设定下，纯私有的项目成本为 $Ir_{pr}^2/(1+r_{pr})$，纯公共模式的项目成本为 $(I+J)r_{pu}^2/(1+r_{pu})$。类似基准模型，增长型支出结构的项目模式选择分析如下：

当 $Ir_{pr}^2(1+r_{pr}) > (I+J)r_{pu}^2(1+r_{pu})$ 时，纯公共模式优于纯私有模式，可行模式为 PPP 模式与纯公有模式。为得到 PPP 模式与纯公有模式的私人参与度边界 $\hat{\theta}_{pu}$，$\hat{\theta}_{pu}$ 应满足：

$$\hat{\theta}_{pu} I \cdot \frac{r_{pr}^2}{1+r_{pr}} + (1-\hat{\theta}_{pu})[I-h(\hat{\theta}_{pu})J(I)] \cdot \frac{r_{pu}^2}{1+r_{pu}} = [I+J(I)] \cdot \frac{r_{pu}^2}{1+r_{pu}}$$

变形得到：

$$(\hat{\theta}_{pu}-1)h(\hat{\theta}_{pu}) + \hat{\theta}_{pu}\hat{I}_{PPP} - 1 = 0 \qquad (6-13)$$

根据增长型最优私人参与度模型的设定，在满足 $JI < [r_{pr}^2(1+r_{pr}) - r_{pu}^2(1+r_{pu})] \cdot (1+r_{pr})r_{pu}^2 < [1+h'(0)] \cdot JI$ 的条件下，PPP 模式的有效区间为 $[0, \hat{\theta}_{pu}]$，纯公共模式的有效区间为 $[\hat{\theta}_{pu}, 1]$。知识转移程度、私人部门相对融资成本及公共部门融资成本如何影响私人参与度

的边界 $\hat{\theta}_{pu}$ 比较静态分析如下：

$$\frac{\partial \hat{\theta}_{pu}}{\partial (JI)} = -\hat{\theta}_{pu} \cdot \frac{1}{g(\hat{\theta}_{pu}) - \hat{I}_{PPP}} \cdot \frac{I}{J} \cdot \hat{I}_{PPP} > 0$$，说明随着知识转移程度的增加（知识转移效应增强），私人参与边界 $\hat{\theta}_{pu}$ 在增加，PPP 模式的有效区间在增加，而纯公有模式的区间在缩小。

$$\frac{\partial \hat{\theta}_{pu}}{\partial r_{pr}} = \hat{\theta}_{pu} \cdot \frac{1}{g(\hat{\theta}_{pu}) - \hat{I}_{PPP}} \cdot \frac{I}{J} \cdot \left(\frac{r_{pr}(r_{pr}+2)}{(1+r_{pr})^2} \right) \cdot \frac{1+r_{pu}}{r_{pu}^2} < 0$$，说明随着私人部门相对融资成本增加，私人参与边界 $\hat{\theta}_{pu}$ 减少，融资约束效应使得私人参与度减弱。

$$\frac{\partial \hat{\theta}_{pu}}{\partial r_{pu}} = -\hat{\theta}_{pu} \cdot \frac{1}{g(\hat{\theta}_{pu}) - \hat{I}_{PPP}} \cdot \left(\frac{I}{J} \cdot \frac{r_{pu}+2}{r_{pu}^3} \cdot \frac{r_{pr}^2}{1+r_{pr}} \right) > 0$$，说明随着公共部门融资成本增加，私人参与边界 $\hat{\theta}_{pu}$ 增加，PPP 模式的有效区间在增加，私人的加入可以使公共部门缓解融资约束（此时公共部门融资成本相对较高），另一方面，知识转移效应可以增加管理效率，降低项目成本。

当 $0 < [r_{pr}^2(1+r_{pr}) - r_{pu}^2(1+r_{pu})] \cdot (1+r_{pr})r_{pu}^2 < JI$ 时，纯私有模式优于纯公共模式，可行模式为 PPP 模式与纯私有模式。PPP 模式与纯私有的边界 $\hat{\theta}_{pr}$ 满足。

$$-h(\hat{\theta}_{pr}) = \hat{I}_{PPP} \tag{6-14}$$

此时，PPP 模式的有效区间为 $[\hat{\theta}_{pr}, 1]$，纯私有模式的有效区间为 $[0, \hat{\theta}_{pr}]$。为简便起见，比较静态分析的结果列示如下：

$$\frac{\partial \hat{\theta}_{pr}}{\partial (JI)} = \frac{I}{J} \cdot \frac{1}{h'(\hat{\theta}_{pr})} \cdot \hat{I}_{PPP} > 0$$

$$\frac{\partial \hat{\theta}_{pr}}{\partial r_{pr}} = -\frac{1}{h'(\hat{\theta}_{pr})} \cdot \left(\frac{I}{J} \cdot \left(\frac{r_{pr}(r_{pr}+2)}{(1+r_{pr})^2} \right) \cdot \frac{1+r_{pu}}{r_{pu}^2} \right) < 0$$

$$\frac{\partial \hat{\theta}_{pr}}{\partial r_{pu}} = \frac{1}{h'(\hat{\theta}_{pr})} \cdot \left(\frac{I}{J} \cdot \frac{r_{pu}+2}{r_{pu}^3} \cdot \frac{r_{pr}^2}{1+r_{pr}} \right) > 0$$

本小节基于支出增长型资本结构模型讨论了最优资本比例及不同模式下私人参与度的边界问题，并进行了比较静态分析。可以得到如下结论：(1) 在满足模型基本假定及存在性约束的条件下，PPP 项目的成本与私人参与度之间存在 U 形关系，并且存在唯一的最优私人参与度 $\hat{\theta}$。最优私人参与度（私人资本比例）随着知识转移程度的增加、私人相对融资成本的减少而增加；(2) 在满足 $JI<[r_{pr}^2(1+r_{pr})-r_{pu}^2(1+r_{pu})]\cdot(1+r_{pu})r_{pu}^2<(1+h'(0))\cdot JI$ 的条件下，PPP 模式的有效区间为 $[0, \hat{\theta}_{pu}]$，纯公共模式的有效区间为 $[\hat{\theta}_{pu}, 1]$；(3) 在满足 $0<[r_{pr}^2(1+r_{pr})-r_{pu}^2(1+r_{pu})]\cdot(1+r_{pu})r_{pu}^2<JI$ 的条件下，PPP 模式的有效区间为 $[\hat{\theta}_{pr}, 1]$，纯私有模式的有效区间为 $[0, \hat{\theta}_{pr}]$；(4) 比较静态分析的结果表明，随着知识转移程度的增加及公共部门相对融资成本的增加，最优私人资本比例 $\hat{\theta}$、PPP 模式与纯公共模式的边界 $\hat{\theta}_{pu}$、PPP 模式与纯私有模式的边界 $\hat{\theta}_{pr}$ 增加，而随着私人部门相对融资成本的增加（融资约束增强），$\hat{\theta}$、$\hat{\theta}_{pu}$、$\hat{\theta}_{pr}$ 会减少。

第三节　衰减型支出结构下的最优私人参与度模型

本小节考察每期的支出递减的情形下的最优私人参与度模型。为简明起见，本小节简要阐述主要的结论。在衰减型支出结构下，总支出 $I(s, q, t)$ 的表示形式如下：

$$I(s, q, t)=f(s, q)\left[\frac{1}{1+r}+\frac{1}{2(1+r)^2}+\cdots+\frac{1}{t(1+r)^t}\right] \quad (6-15)$$

要得到 $I(s, q, t)$ 与 $f(s, q)$ 简化形式的表达式，对函数项级数 $\sum_{t=1}^{\infty} x^t/t$ 求和得到 $\sum_{t=1}^{\infty} x^t/t=-\ln(1-x)$，于是得到：

$$I(s, q, t)=I(s, q)=f(s, q)\ln\left(1+\frac{1}{r}\right) \quad (6-16)$$

PPP 模式下项目成本的函数表示形式可以写为：

$$f(s, q, \theta)=\theta\cdot\frac{I}{\ln(1+1/r_{pr})}+(1-\theta)\cdot\frac{I-h(\theta)J(I)}{\ln(1+1/r_{pu})} \quad (6-17)$$

一阶条件如下：

第六章　PPP效率与最优私人参与度的微观机制研究 | 129

$$\frac{\partial f}{\partial \theta}=I \cdot \left[\frac{1}{\ln(1+1/r_{pr})}-\frac{1}{\ln(1+/r_{pu})}\right]-[h'(\theta)(1-\theta)-h(\theta)] \cdot J \cdot$$

$$\frac{1}{\ln(1+1r_{pu})}=0 \qquad (6-18)$$

衰减型支出结构下最优私人资本参与比例 $\bar{\theta}$ 应满足：

$$(1-\bar{\theta})h'(\bar{\theta})-h(\bar{\theta})=\frac{I}{J} \cdot \left[\frac{\ln(1+1r_{pu})}{\ln(1+1r_{pr})}-1\right] \triangleq \bar{I}_{PPP} \qquad (6-19)$$

同时，由 $[\partial f/\partial \theta(\theta=0)] \cdot [\partial f/\partial \theta(\theta=1)]<0$ 得到 $\bar{\theta}$ 的存在性约束条件：

$$1+h'(0)>\bar{I}_{PPP} \qquad (6-20)$$

这就得到了衰减型支出结构下最优的私人参与度，并且项目成本函数呈 U 形特征。知识转移程度、私人部门相对融资成本、公共部门融资成本对最优资本结构影响的比较静态分析表明，知识转移程度 J/I 的增加、私人融资成本 r_{pr} 的降低、公共部门融资成本 r_{pu} 的增加会促进最优私人参与的增加。相应的比较静态分析结果列示如下：

$$\frac{\partial \bar{\theta}}{\partial (J/I)}=-\frac{I}{J} \cdot \bar{I}_{PPP}/[\partial g(\bar{\theta})/\partial \bar{\theta}]>0;$$

$$\frac{\partial \bar{\theta}}{\partial r_{pr}}=\frac{I}{J} \cdot \frac{\ln(1+1/r_{pu})}{\ln^2(1+1/r_{pr})} \cdot \frac{1}{r_{pr}(r_{pr}+1)} \cdot [\partial g(\bar{\theta})/\partial (\bar{\theta})]^{-1}<0;$$

$$\frac{\partial \bar{\theta}}{\partial r_{pu}}=-\frac{I}{J} \cdot \frac{1}{\ln(1+1/r_{pr})} \cdot \frac{1}{r_{pu}(r_{pu}+1)} \cdot [\partial g(\bar{\theta})/\partial (\bar{\theta})]^{-1}>0。$$

进一步地，可以考虑在不同的项目成本约束条件下的项目选择模式问题。按照基准模型的类似步骤，可以得到：

当满足 $\frac{J}{I} \cdot [1+h'(0)]>\frac{\ln(1+1r_{pu})}{\ln(1+1r_{pr})}-1>\frac{J}{I}$ 时，纯私有模式成本高于纯公有模式，$\bar{\theta}_{pu}$ 为 PPP 模式与纯公有模式的边界私人参与度，$\bar{\theta}_{pu}$ 满足：$(\bar{\theta}_{pu}-1)h(\bar{\theta}_{pu})+\bar{\theta}_{pu}\bar{I}_{PPP}-1=0$。PPP 模式的有效区间为 $[0, \bar{\theta}_{pu}]$，纯公有模式的有效区间为 $[\bar{\theta}_{pu}, 1]$。

当满足 $\frac{\ln(1+1r_{pu})}{\ln(1+1r_{pr})}-1<\frac{J}{I}$ 时，纯公有模式成本高于纯私有模式，

同理得到 PPP 模式与纯私有模式的边界私人参与度 $\bar{\theta}_{pr}$ 满足 $-h(\bar{\theta}_{pr}) = \bar{I}_{PPP}$。PPP 模式的有效区间为 $[\bar{\theta}_{pr}, 1]$，纯私有模式的有效区间为 $[0, \bar{\theta}_{pr}]$。

在上述两种情形下，知识转移程度、私人部门融资成本及公共部门融资成本对私人参与边界 $\bar{\theta}_{pu}$、$\bar{\theta}_{pr}$ 的影响的比较静态分析结果如下：

$$\frac{\partial \bar{\theta}_{pu}}{\partial (JI)} = -\frac{\bar{\theta}_{pu}}{g(\bar{\theta}_{pu}) - \bar{I}_{PPP}} \cdot \frac{I}{J} \cdot \bar{I}_{PPP} > 0, \quad \frac{\partial \bar{\theta}_{pr}}{\partial (JI)} = \frac{I}{J} \cdot \frac{\bar{I}_{PPP}}{h'(\bar{\theta}_{pr})} > 0$$

$$\frac{\partial \bar{\theta}_{pu}}{\partial r_{pr}} = \frac{\bar{\theta}_{pu}}{g(\bar{\theta}_{pu}) - \bar{I}_{PPP}} \cdot \frac{I}{J} \cdot \frac{\ln(1+1/r_{pu})}{\ln^2(1+1/r_{pr})} \cdot \frac{1}{r_{pr}(r_{pr}+1)} < 0, \quad \frac{\partial \bar{\theta}_{pr}}{\partial r_{pr}} = -\frac{I}{J} \cdot \frac{\ln(1+1/r_{pu})}{\ln^2(1+1/r_{pr})} \cdot \frac{1}{r_{pr}(r_{pr}+1)} \cdot \frac{1}{h'(\bar{\theta}_{pr})} < 0$$

$$\frac{\partial \bar{\theta}_{pu}}{\partial r_{pu}} = -\frac{\bar{\theta}_{pu}}{g(\bar{\theta}_{pu}) - \bar{I}_{PPP}} \cdot \frac{I}{J} \cdot \frac{1}{\ln(1+1r_{pr})} \cdot \frac{1}{r_{pu}(r_{pu}+1)} > 0, \quad \frac{\partial \bar{\theta}_{pr}}{\partial r_{pu}} = \frac{I}{J} \cdot \frac{1}{\ln(1+1r_{pr})} \cdot \frac{1}{r_{pu}(r_{pu}+1)} \cdot \frac{1}{h'(\bar{\theta}_{pr})} > 0$$

通过对基准模型、增长型模型及衰减型模型的分析，本节考虑了在不同支出结构类型下的最优私人参与度模型。研究表明，在满足一定的约束条件下[①]，存在最优的私人参与比例，并且项目成本函数满足 U 形特征。并且，比较静态的结果证明，随着知识转移效应的增强及私人部门融资约束的削弱，最优参与度增加。随后，模型又从不同模式的边界考察了知识转移效应及私人部门融资约束对 PPP 模式、纯公有模式及纯私有模式的影响。结果表明，随着知识转移效应的增强及私人部门融资约束的削弱，PPP 模式的边界在扩大，而纯公共模式、纯私有模式的边界在缩小。

---

① 具体的约束条件依赖于支出类型。

第四节 最优私人参与度模型的数值模拟

为更直观地展示上述结论，本节通过数值模拟的方式对三种支出方式下的最优私人参与度模型进行模拟。首先，要获得单期支出 $f(s, q)$ 的表达式，应得到知识转移函数 $h(\theta)$ 的表示式及总支出 I 与知识转移系数 J 的关系。本书采用 Deng 等[1]的做法，将知识转移函数设定为 $h(\theta) = -(\theta-1)^2$。关于总支出 I 与知识转移系数 J 的关系，根据 EIB[2] 及 Moszoro[3] 的研究，$J(I+J) = 17\%$，那么 $JI = 20\%$。在得到知识转移函数 $h(\theta)$ 及 JI 的表达形式后，可以写出单期支出的表达式，以恒定型支出模型为例，表达式为：

$$f(s, q, \theta) = \theta \cdot I \cdot r_{pr} + (1-\theta)[1+0.2(1-\theta)^2] \cdot I \cdot r_{pu} \quad (6-21)$$

如果给定 r_{pr}、r_{pu} 及 I 的数值，那么由（6-21）式就可以得到关于私人投资比例的函数，对该式进行最优化求解即可得到最优的参与比例。同时，项目的不同模式选择的私人投资比例的边界问题，同样可以根据相应的数据模拟得到。相关的模拟参数如下表 6-1 所示，相应的模拟图如图 6-1 所示：

表 6-1　　最优私人参与度模型模拟参数

pr	pu	J/I	I	支出类型	最优资本比例	不同模式下私人参与边界	项目可行的模式
4.5%	4%	0.2	100	恒定	54%	21%	PPP、纯私有
4.5%	4%	0.2	100	增长型	34%	76%	PPP、纯公共

---

[1] Deng Z., Song S., Chen Y., "Private Participation in Infrastructure Project and Its Impact on the Project Cost", China Economic Review, Vol. 39, 2016.

[2] European Investment Bank, The EIB's Role in Public-Private Partnerships, European Investment Bank, July 15, 2004.

[3] Moszoro, Marian, "Efficient Public-Private Capital Structures", Annals of Public and Cooperative Economics, Vol. 85, No. 1, 2014.

续表

pr	pu	J/I	I	支出类型	最优资本比例	不同模式下私人参与边界	项目可行的模式
4.5%	4%	0.2	100	衰减型	76%	58%	PPP、纯私有
5%	4%	0.2	100	恒定	35%	79%	PPP、纯公共
5%	4%	0.2	100	增长型	4.5%	9%	PPP、纯公共
5%	4%	0.2	100	衰减型	66%	41%	PPP、纯私有

资料来源：笔者通过 Python 软件的 Sympy 及 Scipy 程序包进行数值最优化模拟得到。

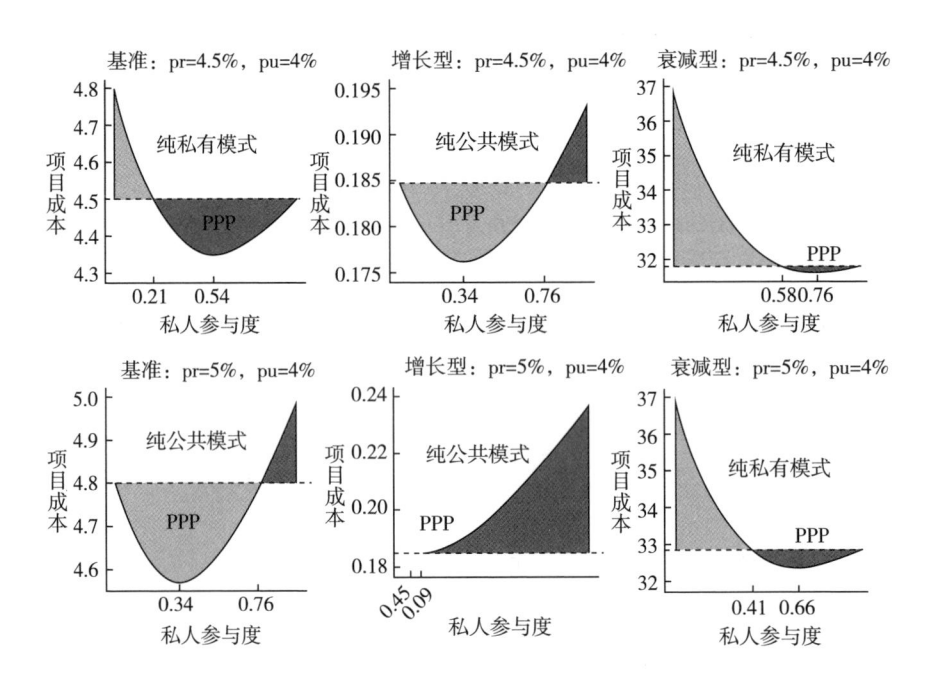

图 6-1　最优参与度及不同模式选择的数值模拟

资料来源：笔者利用模拟数据，通过 Stata 绘图得到。

根据模拟数据表格及图示，可以得到如下结论：（1）在私人融资成本、公共部门融资成本等给定的情况下，对比三种支出结构模型可以发现，成本最优化条件下支出增长型结构对应的最优的参与比例最低（34%与4.5%），即面对最低的私人参与度，基准模型次之（54%与35%），支出衰减型对应的最优资本比例最高（76%与66%）。因而要想获得最优的效率（最低的项目成本），支出增长型结构所需要的私人参与度最低，或者说面对的私人融资成本约束效应要大于其他两种模型，减少私人部门的参与，增加公共部门的参与度能够实现效率上的改进。支出衰减型模型面对的融资成本约束最弱，增加私人部门参与度，减少公共部门的参与，可以实现项目成本的减少，促进效率的改进。（2）同时，对比支出增长型模型与支出衰减型模型，可以发现，私人部门融资成本的提高（由4.5%上升至5%），使得前者的临界股权比例由76%锐减至9%，而后者的临界私人资本比例由58%递减至41%，与之前的比较静态分析结果相一致。也就是说，私人部门融资成本的提高缩小了纯私有模式的边界，而拓宽了PPP模式或纯公共模式的边界。（3）对于知识转移效应与公共部门的融资成本的数值模拟得到了与理论预测相一致的结果，限于篇幅，未予列示。

第五节　最优私人参与度模型的实证研究

在之前的"最优私人参与度"模型指出，PPP项目引入私人资本后，能够利用私人管理部门的管理技能与行业专业知识，存在"知识转移"效应，能够提高管理效率，而公共部门相对于私人部门具有更低的融资成本，存在"融资约束"效应。同时，在满足一定的约束条件下，存在最优的私人资本参与比例，PPP项目的成本与私人参与度呈U形关系特征。

本节选择"一带一路"41个沿线国家2008—2018年能源与交通运输业的2127个PPP项目数据[①]作为研究对象，首先利用Tobit模型检验私人资本参与度与项目成本的U形关系特征，然后利用SFA（Stochastic Frontier Analysis，随机边界分析）模型识别"知识转移"效应与"融资约束"效应。在此之前，首先介绍一下SFA模型的基

---

① "一带一路"沿线国家共65个，2008—2018年共有41个国家参与了PPP项目（剔除了项目状态为"取消"的PPP项目），表6.2列示了所有41个国家的信息。

本原理。

一 SFA 方法的基本原理

Aigner 等[①]认为，现实中的厂商在进行生产时，由于条件的限制，可能达不到最大产出的"前沿"，因而现实中厂商的生产函数形式为 $y_i = f(x_i, \beta)\xi_i$，$\xi_i \leq 1$，其中 ξ_i 为效率水平，如果 $\xi_i = 1$，则生产恰好位于前沿面上，反之，则存在非效率问题。如果考虑到生产还会受到随机冲击 v_i，生产函数形式变为 $y_i = f(x_i, \beta)\xi_i e^{v_i}$。假定生产函数采用 C-D 生产函数形式：$f(x_i, \beta) = e^{\beta_0} x_{1i}^{\beta_1} x_{2i}^{\beta_2} x_{Ki}^{\beta_K}$，得到 K 个投入品下的对数化随机前沿生产函数：

$$\ln y_i = \beta_0 + \beta_1 x_{1i} + \cdots + \beta_K x_{Ki} + \ln \xi_i + v_i$$

如果定义 $u_i = -\ln \xi_i \geq 0$，称 u_i 为"无效率项"，反映了厂商离效率前沿的距离，此时随机前沿生产函数形式变为：

$$\ln y_i = \beta_0 + \beta_1 x_{1i} + \cdots + \beta_K x_{Ki} + v_i - u_i \tag{6-22}$$

此外，还可以通过求产出最大化的"对偶问题"，即既定产出条件下的成本最小化问题得到 K 种要素条件下的随机前沿成本函数：

$$\ln c_i = \beta_0 + \beta_y \ln y_i + \beta_1 \ln p_{1i} + \cdots + \beta_K \ln p_{Ki} + v_i + u_i \tag{6-23}$$

其中，p_{ki} 为第 k 种要素的价格。式（6-22）和式（6-23）的随机前沿函数形式中，无效率项 u_i 反映了厂商离效率前沿的距离，一般假定 u_i 服从截断正态分布形式，即 $u_i \sim N^+(\mu, \sigma_u^2)$，此外，假定随机干扰项 $v_i \sim N(0, \sigma_v^2)$，然后对如下最大似然函数进行估计，得到截断正态分布下的回归系数[②]：

$$\ln L = -n\ln\sigma - n\ln\Phi(-\mu/\sigma_u) - \frac{1}{2}\sum_{i=1}^{n}\left(\frac{\varepsilon_i + \mu}{\sigma}\right)^2$$

$$+ \sum_{i=1}^{n} \ln\Phi\left(\frac{\mu}{\sigma\lambda} - \frac{\varepsilon_i \lambda}{\sigma}\right) \tag{6-24}$$

其中，$\lambda = \sigma_u \sigma_v$，衡量无效率项 u_i 的相对贡献。

---

① Aigner D., K. Lovell, and Schmidt L. P., "Formulation and Estimation of Stochastic Frontier Production Function Models", Journal of Econometrics, Vol. 6, No. 1, 1977, pp. 21-37.

② 陈强：《高级计量经济学及 Stata 应用》，高等教育出版社 2014 年版，第 230 页。

对于无效率项服从截断正态分布的模型而言，如果认为无效率项受其他变量的影响，可以通过估计条件期望模型（conditional mean model）来完成估计，该模型可以写为 $\mu_i = w'_i \gamma$。其中，w_i 为引起无效率变量 u_i 变化的解释变量，γ 为回归系数。本书通过对存在"条件均值"特征的 SFA 模型进行回归分析，同时估计 SFA 模型与条件均值模型，进而识别 PPP 项目的"融资约束效应"与"知识转移效应"。

二 变量的选择与 SFA 模型的建立

本小节难点在于构造 SFA 的实证分析模型。首先，从基准模型入手，忽略项目质量对成本的影响，假定知识转移函数为 $h(\theta) = -(\theta-1)^2$，得到项目的单期支出：

$$f(s, \theta) = \theta I(s, t)(r_{pr}+1/t) + (1-\theta)I(s, t)(r_{pu}+1/t) + (1-\theta)^3 J(I)(r_{pu}+1/t) \quad (6-25)$$

根据 EIB 的估计，$JI=0.2$。同时，项目总支出 $I^t = \theta I + (1-\theta)[I+(1-\theta)^2 \cdot 0.2I] = I[1+0.2(1-\theta)^3]$，[①] 将这些结果代入式（6-25），得到：

$$f = \frac{I^t}{1+0.2(1-\theta)} \{\theta(r_{pu}+1/t) + (1-\theta)(r_{pu}+1/t) + 0.2(1-\theta)^3(r_{pu}+1/t)\}$$
$$(6-26)$$

该式表明，项目总投资取决于资本比例、折现率及项目存续期。然而，在实际中，公共部门的折现率 r_{pu} 一般是较难获得的，Deng 等[②]、邓忠奇和陈甬军[③]均采用锐思数据库的折现率数据，但是该数据的准确性存疑。如果忽略折现率的影响，那么根据式（6-2），存在未知的随机函数 $I^t = \theta I + (1-\theta)(I-h(\theta)J(I)) = I(t, s, \theta, q)$，该函数可以通过 SFA 的方法进行估计，考虑到解释变量可能会对无效率项产生影响，本书将建立存在"条件均值"方程的 SFA 模型，同时估

[①] I 是指项目总支出。

[②] Deng Z., Song S., Chen Y., "Private Participation in Infrastructure Project and Its Impact on the Project Cost", China Economic Review, Vol. 39, 2016.

[③] 邓忠奇、陈甬军：《"一带一路"背景下融资方公私合营模式的资本结构分析》，《产业经济研究》2018 年第 3 期。

计回归方程式与条件均值方程式。在确定模型的最终形式之前,需要确定模型的被解释变量、解释变量与控制变量。

(1) 被解释变量。PPP 项目的投资额(investment)。本书选择 PPP 项目的投资额(investment)作为被解释变量,这样在估计时应选择成本函数形式(6-23)的回归方程,数据来自 PPI 数据库。

(2) 解释变量。私人资本参与度(private)。这是模型的核心解释变量,本书选择 PPI 数据库中私人资本比例指标(private)作为代理变量,为识别"知识转移"效应与"融资约束"效应,private 变量同时进入 SFA 回归方程与条件均值方程。"融资约束"效应表明,随着私人参与的增加,项目成本会显著增加,那么回归方程 private 变量的回归系数(α_1)会显著为正;"知识转移"效应表明,私人参与的增加带来管理效率的提升,这样会降低无效率水平(m_i),预期条件均值方程 private 变量的回归系数(β_1)显著为负。

PPP 项目的产出(capacity)。根据随机函数 I^t 的表达式,变量 s(商品或服务的数量)对项目成本产生影响,本书选择 PPI 数据库中 PPP 项目的产出作为代理变量,预期回归系数为正。

项目的持续期限(period)。一般而言,PPP 项目的持续期限越长,项目的成本越高,投资额越高,本书选择 PPI 数据库中 period(合约期限)变量作为代理变量,预期回归系数为正。

(3) 控制变量。PPP 项目类型的虚拟变量(type)。模型通过 type 变量控制 PPP 项目的类型特征,该虚拟变量的定义则取决于具体的行业。例如,对于"一带一路"沿线国家的能源行业,主要的 PPP 类型为 BOT(建设—运营—转移)与 BOO(建设—拥有—运营),那么,可以将第 i 个 PPP 项目的 $type_i$ 定义为:$type_i = (BOT_i, BOO_i)$,BOT 虚拟变量定义为:如果 PPP 项目属于 BOT,那么 $BOT = 1$,否则 $BOT = 0$;BOO 虚拟变量定义为:如果 PPP 项目属于 BOO,那么 $BOO = 1$,否则 $BOO = 0$。而对于交通运输业,主要的 PPP 类型为 BOT 与 BROT(建设—改造—运营—转移),那么 $type_i$ 应定义为:$type_i = (BOT_i, BROT_i)$。

多边机构融资虚拟变量。多边机构融资可以通过改变 PPP 项目私人的风险分担水平，有助于促进私人资本参与PPP项目。该虚拟变量定义为：multi_finance=1，接受多边机构融资支持；multi_finance=0，未接受融资支持，相应数据来自PPI数据库。

经济发展水平。从第五章第三节的面板Tobit模型可知，经济发展水平越高，PPP项目的整体效率越高，因而预期项目的成本会降低，本书选择人均GDP增长率作为经济发展水平的代理变量，期预回归系数为负，变量数据来自世界银行。

此外，模型还控制了"一带一路"沿线国家的区域效应、年份效应、经济开放度、市场需求、城市化水平及制度水平[1]等因素，相应变量的含义与第五章第三节保持一致。

表6-2　　实证模型所涉及的"一带一路"沿线国家的区域划分（41国）

国家	所属区域
东亚（11国）	中国、越南、马来西亚、泰国、柬埔寨、缅甸、印度尼西亚、老挝、蒙古国、菲律宾、东帝汶
南亚（7国）	阿富汗、孟加拉国、尼泊尔、不丹、印度、巴基斯坦、斯里兰卡
中亚（4国）	吉尔吉斯斯坦、塔吉克斯坦、哈萨克斯坦、乌兹别克斯坦
欧洲（11国）	亚美尼亚、格鲁吉亚、乌克兰、阿尔巴尼亚、白俄罗斯、波黑、保加利亚、马其顿、黑山、俄罗斯、塞尔维亚
中东与北非（8国）	埃及、伊拉克、伊朗、叙利亚、也门、约旦、黎巴嫩、土耳其

资料来源：笔者根据世界银行PPI数据库整理得到。

考虑到描述性统计结果中部分变量的标准差较大（表6-4列示了描述性统计结果），为使得变量更加平滑，方便模型的求解，本书对被解释变量及解释变量均取对数，控制变量因为部分数据存在负值，且标准差较小，故而采用原始值进行回归。根据解释变量与控制变量的设定，可以将SFA模型的回归方程与条件均值方程写成如下的形式：

---

[1] 包括政府效率、腐败控制、法治水平、话语权与问责制、政治稳定与监管质量等6个分项指标。

$$\text{lninvestment}_i^t = \alpha_0 + \alpha_1 \ln private_{it} + \alpha_2 \ln capacity_{it} + \alpha_3 \ln period_{it} + \chi_{1it}\gamma + \mu_{it} + v_{it} \tag{6-27}$$

$$m_{it} = \beta_0 + \beta_1 \ln private_{it} + \delta \chi_{2it} \tag{6-28}$$

其中，χ_{it} 为控制变量列向量构成的矩阵，χ_{1it} 为成本方程（6-27）的控制变量矩阵，χ_{2it} 为条件均值方程（6-28）的控制变量矩阵，包含的变量如表 6-3 所示，$i=1,\cdots,N$，$v_i \sim N(0,\sigma_v^2)$，$\mu_i = |U_i|$，$U_i \sim N(m_i,\sigma_u^2)$。

表 6-3 控制变量列表

控制变量矩阵名称	所包含的控制变量	含义
χ_{2it}	type	PPP 项目类型控制变量
χ_{2it}	multi_finance	多边机构融资虚拟变量
χ_{1it}	gdp_ratio	经济发展水平
χ_{1it}	region	区域虚拟变量
χ_{1it}	year	年份虚拟变量
χ_{1it}	openess	经济开放度变量
χ_{1it}	market_demand	市场需求变量
χ_{1it}	city_ratio	城市化水平变量
χ_{1it}	institution	制度指标，包括 6 个分指标

资料来源：笔者根据前面的信息整理得到。

值得注意的是，式（6-27）和式（6-28）对应的是 SFA 模型（2）的回归方程，SFA 模型（1）的回归方程应去掉 $\chi_{1it}\gamma$ 项。

按照 PPI 数据库的行业分类，PPP 项目按照行业可以划分为能源（Energy）、交通运输业（Transport）、信息通信技术（ICT）、水处理（Water and Sewerage）与城市固体废物（Municipal Solid Waste）等 5 个行业。从分行业的 PPP 项目数来看，2008—2018 年各行业的 PPP 项目数分别为能源行业 1588 个，交通运输业 576 个，城市固体废物行业 309 个，水处理行业 303 个，ICT 行业 19 个，能源与交通运输业为 PPP 项目最多的两个行业。

为了与第五章 DEA-Malmquist 指数测算的行业口径尽量保持一致，同时考虑到分行业回归样本量的要求，保证 Tobit 与 SFA 模型收敛，本书选择能源与交通运输两个行业的 PPP 项目作为研究对象，电力（1543 个项目）、收费公路（434 个 PPP 项目）等子行业 PPP 项目作为能源、交通运输业的研究样本。

在对 PPP 项目数据进行 SFA 回归之前，需要对变量进行必要的处理。模型剔除了项目状态为"Cancelled"或"Distressed"的项目，最终得到 2008—2018 年"一带一路"41 个沿线国家 2127 个 PPP 项目的样本[①]，表 6-4 列示了分行业主要变量的描述性统计结果，表 6-5 则列示了控制变量的描述性统计结果。

表 6-4　　"一带一路"沿线国家 PPP 项目数据主要变量分行业描述性统计

变量名称	所在行业	观测值	均值	标准差	最小值	最大值
investment	能源	1450	2.37	5.04	0.0023	75.76
capacity	能源	1504	569.03	5159.61	0.5	115000
private	能源	1531	97.21	11.47	10	100
period	能源	580	24.84	10.43	3	50
investment	交通运输	407	3.48	6.07	0.035	63.56
capacity	交通运输	385	88.61	102.57	1.2	1544.6
private	交通运输	394	97.75	9.19	30	100
period	交通运输	379	20.21	6.73	7	45

资料来源：根据 PPI 数据库计算得到。

表 6-5　　主要控制变量的描述性统计

变量名称	观测值	均值	标准差	最小值	最大值
gdp_ratio	2125	4.84	2.72	−14	12
openess	2118	0.62	0.32	0.25	2.1

---

① 最终处理得到能源、交通运输业分别包括 1578 个、549 个 PPP 项目，相应的子行业分别包含 1533 个、409 个 PPP 项目。

续表

变量名称	观测值	均值	标准差	最小值	最大值
market_demand	2126	7.18	6.16	0.0062	14
city_ratio	2126	0.47	0.17	0.16	0.91
GE	2126	−0.01	0.36	−1.5	1.1
CC	2126	−0.43	0.30	−1.5	0.91
RL	2126	−0.26	0.33	−1.8	0.62
VA	2126	−0.42	0.81	−2.1	0.58
PS	2126	−0.87	0.60	−2.8	0.8
RQ	2126	−0.22	0.36	−1.5	1.1

资料来源：笔者通过 Stata 软件计算得到。

之前指出，虚拟变量 *type* 的构造依赖于各行业的 PPP 类型特征，因而在构造之前需要得到各行业 PPP 类型的分布情况，表 6-6 列示了该结果，表中的数据为分行业 PPP 项目的个数。从 PPP 类型的分布来看，能源行业以 BOT（建设—运营—转移）与 BOO（建设—拥有—运营）类型为主，交通运输业以 BOT 与 BROT（建设—改造—运营—转移）类型为主。这样就可以根据 PPP 合约的类型特征构造 *type* 虚拟变量：(1) 能源行业：*type* = (BOT, BOO)；(2) 交通运输行业：*type* = (BOT, BROT)。

表 6-6　　　　　　各行业 PPP 合约类型的分布

PPP 合约类型[①]	能源	交通运输
租赁合约（lease contract）	7	1
管理合约（management contract）	6	—
RLT（改造—租赁—转移）	—	—
ROT（改造—运营—转移）	11	16
BROT（建设—改造—运营—转移）	31	262
BLT（建设—租赁—转移）	8	—

---

① 对于各个合约类型的详细介绍，可以参照第三章表 3-1 的详细介绍。

续表

PPP 合约类型①	能源	交通运输
BOT（建设—运营—转移）	486	125
BOO（建设—拥有—运营）	775	1
商业化（merchant）	54	—
租借（rent）	32	—
部分私有化（partial）	38	—
完全私有化（full）	40	—

资料来源：笔者通过 Stata 软件计算得到，—表示该行业不存在该类型的 PPP。

三 模型的回归结果

下面对"一带一路"41 个沿线国家 2008—2018 年能源与交通运输业的 2127 个 PPP 项目进行 SFA 模型回归。

在进行 SFA 回归模型之前，为了检验私人资本参与度（lnprivate）与项目成本（lninvestment，被解释变量）之间的 U 形关系特征，本书基于 Tobit 模型，依次加入私人资本参与度（lnprivate）与私人资本参与度的平方项（lnprivate2），并检验 lnprivate、lnprivate2 的系数符号是否符合预期（如果 U 形关系成立，那么 lnprivate 的系数显著为负，而 lnprivate2 的系数显著为正）。

具体来看，Tobit 模型（1）是一个基准模型，只包含被解释变量与基本的解释变量，并且未加入私人参与度的平方项（lnprivate2）；Tobit 模型（2）考在 Tobit 模型（1）的基础上加入了 lnprivate2 变量，用来检验私人资本参与度与项目成本的 U 形特征；Tobit 模型（3）在 Tobit 模型（2）的基础上加入了一系列控制变量，包括项目类型控制变量、多边机构融资虚拟变量、年份虚拟变量、区域虚拟变量及其他有关国家特征的控制变量，例如经济发展水平、经济开放度、市场需求、城市化水平及 WGI 制度指标等。

值得注意的是，Tobit 模型仅考虑了私人资本参与的综合效应，而并未将"融资约束"效应与"知识转移"效应分离，SFA 模型（1）与（2）的回归则将这两种效应进行分离，检验它们的存在性。其中，SFA 模型（1）在成本方程（6-27）仅加入了基本的解释变量，条件均值方程（6-28）加入了包括私人参与度解释变量、以及项目类型、多边机构融资虚拟变量等控制变量；SFA 模型（2）保持条件均值的设定不变，在成本方程中加入了国家层面的控制变量。

Tobit 模型（1）-（3）的回归按照通常的方式列示，对 SFA 回归模型（1）与 SFA 回归模型（2）而言，每张表的第一部分为成本方程的回归结果，第二部分为条件均值方程回归结果，第三部分为相应的回归统计量。表 6-7 和表 6-8 分别列示了能源、交通运输业的回归结果，限于篇幅，年份虚拟变量及区域虚拟变量的回归结果未予列示。

表 6-7　能源行业的回归结果

回归解释变量	Tobit 模型（1） lninvestment	Tobit 模型（2） lninvestment	Tobit 模型（3） lninvestment	SFA 模型（1） lninvestment	SFA 模型（2） lninvestment
lnprivate	−0.063 (−0.26)	−0.808 (−0.15)	−3.122*** (−6.6)	1.286*** (3.3)	0.640*** (9.2)
lnprivate2		0.090 (0.14)	0.404*** (7.1)		
lncapacity	0.840*** (27.03)	0.841*** (27.02)	0.866*** (27.73)	0.821*** (51.64)	0.854*** (55.01)
lnperiod	0.342*** (4.54)	0.341*** (4.54)	0.327*** (3.93)	0.210*** (3.75)	0.209*** (3.54)
BOT			−0.575*** (−4.69)		
BOO			−0.523*** (−4.53)		
multi_finance			−0.175** (−2.22)		
gdp_ratio			−0.015 (−1.01)		−0.020* (−1.75)
openess			0.109 (0.62)		−0.055 (−0.48)

续表

回归解释变量	Tobit 模型（1）lninvestment	Tobit 模型（2）lninvestment	Tobit 模型（3）lninvestment	SFA 模型（1）lninvestment	SFA 模型（2）lninvestment
market_demand			-0.030**		-0.006
			(-2.32)		(-0.82)
city_ratio			0.511		-0.482**
			(1.37)		(-2.11)
GE			0.146		0.261
			(0.61)		(1.64)
CC			-0.581		-0.573**
			(-1.63)		(-2.32)
RL			-0.184		-0.152
			(-0.58)		(-0.76)
VA			0.078		-0.108**
			(1.00)		(-2.19)
PS			0.049		0.060
			(0.69)		(1.26)
RQ			0.272		-0.402***
			(1.21)		(-2.63)
常数项	-5.048***	-6.574	-0.018	-3.245**	-5.403***
	(-4.31)	(-0.61)	(-0.00)	(-2.11)	(-4.44)
lnprivate（条件均值方程）				-0.109***	-0.228***
				(-14.3)	(-8.3)
BOT				-2.041***	-1.760***
				(-2.98)	(-3.57)
BOO				-1.693***	-1.929***
				(-2.98)	(-3.56)
multi_finance				-2.909*	-1.563**
				(-1.65)	(-2.52)

续表

回归解释变量	Tobit模型（1）	Tobit模型（2）	Tobit模型（3）	SFA模型（1）	SFA模型（2）
	lninvestment	lninvestment	lninvestment	lninvestment	lninvestment
常数项				6.753*	3.990
				(1.67)	(1.14)
σ^2				0.929	0.868
				[0.27]	[0.23]
γ				0.771	0.856
				[0.07]	[0.04]
样本数	558	558	556	558	556

注：(1) 表中结果由作者计算得到，( ) 内表示回归系数的 t 统计量，[ ] 内表示回归标准误，***、**、*分别表示变量在 1%、5%、10% 水平下显著，下同；(2) 根据 SFA 模型的统计量 $\sigma^2 = \sigma_u^2 + \sigma_v^2$ 与 γ 的表达式 $\gamma = \sigma_u^2/(\sigma_u^2 + \sigma_v^2)$，可以得到 $\lambda = \sigma_u \sigma_v = \sqrt{\gamma/(1-\gamma)}$ 分别为 1.83、2.43，均大于 1，说明无效率项占据主导地位，表明之前 SFA 模型的设定是适当的。

表 6-8 　　　　　　　　交通运输行业回归结果

回归解释变量	Tobit模型（1）	Tobit模型（2）	Tobit模型（3）	SFA模型（1）	SFA模型（2）
	lninvestment	lninvestment	lninvestment	lninvestment	lninvestment
lnprivate	-1.930***	-1.681	-4.927***	3.203***	6.920***
	(-4.27)	(-0.14)	(-4.2)	(11.1)	(6.5)
lnprivate2		0.132	0.818***		
		(0.09)	(5.8)		
lncapacity	0.231***	0.234***	0.339***	0.484***	0.363***
	(3.66)	(3.70)	(5.94)	(6.90)	(5.89)
lnperiod	0.929***	0.929***	1.214***	1.088***	1.391***
	(5.07)	(5.07)	(7.00)	(6.04)	(7.75)
BOT			-0.491*		
			(-1.72)		
BROT			-0.098***		
			(-3.4)		

续表

回归解释变量	Tobit 模型（1） lninvestment	Tobit 模型（2） lninvestment	Tobit 模型（3） lninvestment	SFA 模型（1） lninvestment	SFA 模型（2） lninvestment
multi_finance			-0.331*** (-6.7)		
gdp_ratio			0.045 (0.64)		0.038 (0.54)
openess			-2.490** (-2.28)		-2.800** (-2.53)
market_demand			-0.126 (-1.59)		-0.140* (-1.73)
city_ratio			-4.316** (-2.24)		-4.239** (-2.14)
GE			-0.582 (-0.68)		-0.786 (-0.89)
CC			-0.934 (-0.62)		-0.835 (-0.55)
RL			-3.924** (-2.21)		-4.146** (-2.35)
VA			-0.204 (-0.54)		-0.309 (-0.79)
PS			-0.200 (-0.60)		-0.114 (-0.31)
RQ			-0.432 (-0.38)		-0.159 (-0.14)
常数项	5.698** (2.57)	-8.546 (-0.35)	1.056 (0.04)	4.748* (1.93)	-3.217 (-1.01)
lnprivate （条件均值方程）				-2.418*** (-4.18)	-0.048*** (-2.9)

续表

回归解释变量	Tobit 模型（1）lninvestment	Tobit 模型（2）lninvestment	Tobit 模型（3）lninvestment	SFA 模型（1）lninvestment	SFA 模型（2）lninvestment
BOT				-1.716*** (-10.1)	-1.401*** (-11.6)
BROT				-9.514*** (-2.4)	-0.141** (-1.9)
multi_finance				-1.043*** (-3.19)	-1.661*** (-12.0)
常数项				-15.252 (-1.08)	-31.446 (-0.64)
σ^2				1.418 [0.354]	1.446 [0.741]
γ				0.670 [0.184]	0.656 [0.208]
样本数	343	343	343	343	343

注：SFA 模型（1）与（2）的系数分别为 1.42、1.38，均大于 1，SFA 模型设定正确。

（一）能源行业回归结果

2008—2018 年"一带一路"36 个沿线国家参与了能源行业的 1533 个 PPP 项目，① 表 6-7 列示了能源行业 PPP 项目的回归结果。

从 Tobit 模型（1）-（3）的结果来看，核心解释变量 lnprivate 在 Tobit（1）-（2）中系数分别为-0.063、-0.808，系数符号符合预期，但并不显著；Tobit 模型（3）在控制了项目类型、是否接受多边机构融资等一系列变量后，回归系数-3.122 在 1%显著性水平下显

---

① 这 36 个国家分别为：中国、乌克兰、亚美尼亚、伊拉克、伊朗、俄罗斯、保加利亚、印度、印度尼西亚、哈萨克斯坦、土耳其、埃及、塔吉克斯坦、塞尔维亚、孟加拉国、尼泊尔、巴基斯坦、斯里兰卡、柬埔寨、格鲁吉亚、波黑、泰国、约旦、缅甸、罗马尼亚、老挝、菲律宾、蒙古国、越南、阿富汗、阿尔巴尼亚、马其顿、马来西亚、黎巴嫩、黑山、不丹。

著，符合预期；另一核心解释变量 lnprivate2 的回归系数 0.404 在 Tobit 模型（3）中在 1% 的显著性水平下显著，符合预期，而在 Tobit 模型（2）中并不显著。

从核心解释变量 lnprivate 及 lnprivate2 的回归结果来看，在控制 PPP 类型、融资、年份、区域及国家特征等一系列因素后，能源行业私人资本参与度与 PPP 项目的成本存在典型的 U 形关系特征，该特征是"融资约束"效应与"知识转移"效应共同作用的结果，体现了私人资本参与 PPP 项目的边际作用递减规律。在项目的初始阶段，引入私人资本可以为 PPP 项目增添活力，提升效率，但是随着私人部门参与度的升高，一方面私人部门需要增加投入，面临较高的项目风险；另一方面，政府由参与者转变为项目的监管方，私人部门面对较为频繁的审批与检查流程，使得私人部门的成本上升，故而存在最优的私人参与度。

在得到私人资本比例与项目成本的 U 形关系后，根据私人资本最优参与比例公式，可以得到能源行业在 Tobit 模型（3）设定下的最优私人资本参与比例为 47.65%，而 Deng 等人对山东荣成电厂 BOT 项目最优私人资本参与比例的测算结果为 21%[1]，而能源 PPP 的私人参与均值为 97.21%，从最优的私人资本参与角度来看，无论是 47.65% 还是 21%，当前能源 PPP 的私人参与度要明显高于最优的私人参与水平。

SFA 模型（1）与 SFA 模型（2）的回归结果验证了"融资约束"效应与"知识转移"效应的存在性。从 SFA 模型（1）的结果看，SFA 方程的回归系数为 1.286，显著为正，说明私人参与的提高导致项目成本显著增加，符合"融资成本"约束效应的预期，即公共部门比私人部门拥有更低的融资成本。在条件均值方程中，lnprivate 的系数 −0.109 显著为负，表明私人参与的增加，使得项目的无效率水平显著下降，效率提升，从而项目的成本下降，证明"知识转移"效应

---

[1] 该项目的合约期限为 30 年，起止时间为 2013—2044 年，投资金额 4422 万美元，项目在 2013 年的发电量为 27 兆瓦。

的有效性。同样地，SFA 模型（2）的结果也支持这一结论，认为存在上述两种效应。

从模型（1）与（2）的 private 系数值的大小来看，"融资约束"效应要强于"知识转移"效应（1.286>0.109，0.640>0.228）。这说明要使得能源 PPP 项目成本降低，需要保持适当的私人资本参与比例，如果私人资本参与过多，会导致过高的"融资约束"效应，增加项目的成本，而私人资本参与过少，则"知识转移"效应难以发挥作用，项目成本依然会较高。

此外，对表 6-7 中其他变量的回归结果显示：（1）PPP 项目产出（lncapacity）、合约期限（lnperiod）的系数在 5 个回归模型中均显著为正，说明随着产出的增加、项目合约期限的延长，项目成本显著增加；（2）能源 PPP 项目的合约集中于 BOT 与 BOO 两种类型，Tobit 模型系数分别为-0.575、-0.523，BOT 与 BOO 类型合约的使用，能够显著降低项目的投资额，而 SFA 模型中条件均值方程中两者的系数也显著为负，证明合约的设定能够有效降低无效率水平；（3）能源 PPP 项目中有 15% 的项目获得了金融支持，结合 Tobit 及 SFA 回归结果来看，金融支持能够缓解私人融资约束压力，显著降低项目投资成本，减少 PPP 的无效率值；（4）对国家特征层面的控制变量而言，它们对 PPP 项目成本的影响则依赖于模型的设定形式，从 SFA 回归来看，良好的经济发展水平与城市化水平、有力的腐败控制及更加开放的民主程度会改善 PPP 的项目成本，这些结果与以往的研究结论基本一致。

（二）交通运输业回归结果

交通运输业 PPP 涉及"一带一路"11 个沿线国家[①]，2008—2018 年共开展 409 个收费公路 PPP 项目，主要类型为 BOT（建设—运营—转移）与 BROT（建设—改造—运营—转移）。

根据表 6-8 的结果，Tobit 模型（3）中私人参与变量（lnprivate）的系数为-4.927，lnprivate2 的系数为 0.818，二者的符号均符合预期

---

① 参与交通运输业 PPP 的 11 个国家有中国、俄罗斯、印度、印度尼西亚、土耳其、哈萨克斯坦、泰国、菲律宾、越南、阿尔巴尼亚、马来西亚。

且显著，证明在交通运输行业，私人资本参与度与 PPP 的成本依然存在"先降低，后升高"的 U 形关系特征，且存在最优的私人资本比例，类似地，可以计算得到最优的私人参与比例为 20.32%，这一比例要低于能源行业的最优资本比例，也就是说，要想达到最优的成本结构，交通运输业需要更低的私人参与。究其原因，这可能与收费公路 PPP 项目特征有关。恩格尔等[1]指出，公路 PPP 项目的主要特征是存在巨大的外部需求风险，并且基于未来的经济增长率对该风险的预测往往是不可靠的，需求增长率 1%—2% 的预测误差会对项目回报产生巨大的影响，这种需求风险往往带来更紧的"融资约束"，减少私人的参与。

从 SFA 的回归结果看，以 SFA 模型（2）为例，SFA 成本方程与条件均值方程的核心解释变量 lnprivate 系数分别为 6.920（融资约束效应系数，能源行业该系数仅为 0.640）、-0.048（知识转移效应系数），并且显著，与理论预期的结果一致。私人资本的参与，能够降低交通运输项目的无效率成本，同时，私人资本面临较高的融资成本，且"融资约束"效应要高于"知识转移"效应，因而公共部门与私人部门在基础设施建设上要相互取长补短，避免各自为政。

从主要解释变量及控制变量的回归结果看，产出（lncapacity）及合约期限（lnperiod）的结果均显著为正，符合预期。对项目类型虚拟变量 BOT 与 BROT 而言，Tobit 模型回归系数分别为 -0.491、-0.098，除显著性水平差异外，两者均显著，同时，SFA 模型对应的结果亦符合预期，说明这两种 PPP 类型能够有效降低无效率的水平，这能够解释为什么这两种 PPP 类型在高速公路 PPP 中较为流行的原因。

此外，其他控制变量的结果揭示了交通运输业的一些新特征，与能源行业相比，在交通运输业中，经济开放度（openess）指标在 Tobit 与 SFA 模型中均显著为负，意味着经济开放度越高，贸易要素流

---

[1] [智] 爱德华多·恩格尔、[智] 罗纳德·费希尔、[智] 亚历山大·加莱托维奇：《政府与社会资本合作模式经济学：基本指南》，邱立成等译，机械工业出版社 2017 年版，第 64 页。

动速度加快，交通 PPP 的成本将会变低，效率从而提升。此外，法治水平也是影响交通 PPP 项目无效率的重要因素。因而要提升 PPP 的效率水平，需要加强沿线国家的贸易规则体系建设①，提升要素自由流动水平。

交通运输业的回归结果表明：（1）私人资本参与度与 PPP 成本的 U 形关系依然存在，相对于能源行业而言，交通运输业的最优私人资本比例水平更低（20.32%）；（2）"融资约束"效应与"知识转移"效应均存在且显著，交通运输业的"融资约束"效应强于能源行业，因而私人参与度会更低；（3）BOT 与 BROT 类型的 PPP 能够显著降低无效率的水平，提升 PPP 项目的效率。（4）高水平的经济开放与良好的法治水平是推动交通业 PPP 效率的重要措施。

第六节　本章小结

本章从微观角度研究了最优私人参与度与 PPP 效率的关系。首先通过引入"融资约束"效应与"知识转移"效应，基于不同支出特征条件下的最优私人参与度模型研究了私人参与度与 PPP 项目成本的关系，求解得到最优参与度的表达式与两者的 U 形关系特征，并进行了相应的比较静态分析，研究了融资成本、知识转移程度对私人参与边界的影响，随后通过数值模拟的方式讨论了不同支出特征下的最优参与比例问题。接下来，利用 Tobit 模型与 SFA 模型对 2008—2018 年"一带一路"沿线国家能源与交通运输业的 PPP 项目数据进行实证研究。利用 Tobit 模型验证私人参与度与项目成本的 U 形关系特征，通过 SFA 模型识别"融资约束"效应与"知识转移"效应。Tobit 模型的回归结果表明，在能源与交通运输业私人资本参与度与项目成本均存在 U 形关系特征，存在最优的私人投资比例，当下 PPP 项目的投

---

① 参见国务院新闻办公室网站《"一带一路"贸易合作的机遇与挑战》，2017 年 8 月 1 日，http：//www.scio.gov.cn/31773/35507/35515/35523/document/1560134/1560134.htm，2020 年 1 月 10 日。

资规模远高于最优投资比例；SFA 模型的回归表明，"融资约束"效应与"知识转移"效应均显著，且前者高于后者，因而采用适度的私人投资比例是必要的；合约类型、多边金融机构融资对于 PPP 效率的提升具有显著作用；此外，模型还讨论了其他有关国家特征变量对 PPP 效率的影响。

第七章　本书的研究结论与 PPP 项目的发展前景展望

本章作为最后的章节，将对前面章节的研究进行总结，并针对"一带一路"沿线国家 PPP 项目的发展给出相应的政策建议。本章分为三节，具体安排如下：第一节梳理核心章节（第三章至第六章）的研究内容与研究结论；第二节从"一带一路"沿线国家 PPP 项目面临的机遇与挑战及相应的政策建议两个方面对"一带一路"沿线国家 PPP 项目的发展进行总结与展望，为我国"一带一路"的实施提供经验与借鉴；第三节为本章小结。

第一节　本书的研究内容与研究结论

本书以"一带一路"沿线国家基础设施建设巨大的融资需求缺口为切入点，引入 PPP 模式，并以 PPP 的效率为着力点，从多个维度对"一带一路"沿线国家 PPP 项目的效率进行研究。

第三章至第六章是本书的核心章节。分章节来看，第三章分析了"一带一路"沿线国家 PPP 的发展现状与特征；第四章从"捆绑"效应这一微观机制入手比较传统政府采购与 PPP 的效率问题。首先构造了一个包含政府、建设者与运营者的"委托—代理"模型，从社会福利的角度给出了帕累托最优情形下"两种努力水平"（质量增加型与成本节约型）满足的一阶条件，接下来考虑了传统政府采购与 PPP 模式下的最优条件，通过分析比较认为"捆绑"效应可能是 PPP 模式在效率上优于传统政府采购的关键因素，随后利用"一带一路"沿线国家 PPP 项目的数据，构建 Probit 与 Logit 模型验证了上述效应；第五章从 DEA-Malmquist 指数视角，分别从行业、区域、国家等宏观维度对"一带一路"沿线国家 PPP 项目的效率进行了详细测算，并构建 Tobit 模型对私人投资与 PPP 效率的关系进行了实证研究；第六章从"融资约束"与"知识转移"效应这两个微观机制作为切入点研究最优的私人参与度问题。在 Moszoro、Deng 等、邓忠奇和陈甬军的基础上，本书构建了"私人最优参与度"模型，得到了私人资本参与度与项目成本的 U 形关系特征，并对最优参与度与其他变量的关系进行了比较静态分析。随后，本书通过参数模拟比较了不同支出模式下的私人参与边界问题。接下来，本书利用"一带一路"能源与交通运输的数据，通过 Tobit 模型实证检验了私人参与的 U 形关系特征，得到了不同行业的最优资本参与度，并通过 SFA 模型验证了"融资约束"与"知识转移"效应，并进行了相应的比较。

  本书的研究结论可以从宏微观两个大的层面展开，具体来看：

  第一，宏观层面得到的研究结论。（1）从时间角度看，1990—2018 年 PPP 投资额与私人投资额的波动性较大，阶段性明显，以 2010 年为界，可以分为上升段（2010 年之前）与下降段（2010 年后），并从 2016 年后实现增长（见第三章）；（2）从行业角度看，"一带一路"沿线国家 PPP 项目主要集中在能源与交通运输行业，ICT 与城市固体废物业 PPP 比重较少（见第三章）。基于行业层面的 2008—2018 年 DEA-Malmquist 指数测算结果显示，"一带一路"沿线国家行业整体效率水平在提升，这主要是纯技术效率水平改善的结果，能源及 ICT 行业规模效应带来的效率改善作用明显，而水处理与城市固体废物业总体效率呈衰退趋势（见第四章）；（3）从区域角度看，PPP 项目主要集中在东亚与南亚地区（见第三章），结合五大区域（东亚、南亚、中亚、欧洲、中东与北非）2008—2018 年 DEA-Malmquist 指数的测算结果，东亚与欧洲地区在全行业实现了效率的增长，南亚地区在能源、交通及 ICT 实现效率增长，中东与北非地区仅在能源行业效率实现增长，而中亚在全行业基础设施效率呈衰退趋势；（4）从国家角度看，就"一带一路"沿线国家 PPP 项目数与项目金额而言，主要集中在中国、印度、俄罗斯与土耳其这4个"领头羊"国家，基于DEA-Malmquist指数的测算结果表明，"一带一路"沿线国家TFP指数呈现"6-3-1"模式，具体国家来看，"领头羊"国家的效率均呈现上升趋势，俄罗斯与菲律宾在纯技术效率方面领先其他国家，而中国与马其顿是唯有的在所有效率指标方面均实现增长的国家；（5）从宏观环境角度看，经济发展水平、城市化水平、经济开放度及制度变量对于PPP效率的影响应具体问题具体分析。交通运输行业的SFA模型显示，高水平的经济开放度及良好的法治水平能够显著减少PPP项目的成本，能源行业的Tobit模型显示，经济发展水平越高的国家PPP效率越高，有效的腐败控制能够提升PPP的整体效率水平，良好的监管水平会改善规模效应指数，而政治稳定性会影响外部技术环境变化。

第二，微观层面得到的研究结论。（1）从PPP模式与传统政府采购的角度看，基于"委托—代理"的理论模型认为传统模式下的厂商注重短期利益而忽视了整个项目生命周期的成本，造成偏离社会最优效率的发生，PPP模式下的厂商综合考虑整个项目周期的成本，能够提升项目的效率，存在"捆绑"效应。本书通过构建理论模型并结合"一带一路"沿线国家的PPP数据，通过Probit模型证实了PPP模式的"捆绑效应"；（2）从PPP合约的角度看，"一带一路"沿线国家PPP项目覆盖全部的PPP类型，并以BOT与BOO类型为主，SFA的分析结果表明，能源与交通运输业采用的BOT、BOO、BROT模式能够有效降低管理的无效率水平，提升项目的效率，此外，合约期限也是影响PPP项目成本的重要因素；（3）从私人参与的角度看，基于DEA-Malmquist指数构建的面板Tobit模型的结果表明，私人参与能够有效提升"一带一路"沿线国家PPP项目的效率水平。同时，基于"融资约束"效应与"知识转移"效应的最优参与度模型显示，在能源与交通运输业，私人资本参与度与项目成本均存在U形关系特征，且存在最优的私人参与比例（能源行业高于交通运输业），"融资约束"效应与"知识转移"效应均显著，且前者高于后者。因而，要降低PPP项目成本，提升效率，需要适度的私人参与；（4）此外，

PPP 项目能否接受多边金融机构的支持也是影响项目效率的重要因素。

当然，必须要指出的是，由于世界银行 PPI 数据库部分行业的 PPP 项目存在样本数较少的情况，例如，作为新兴行业的信息与通信技术类 PPP 项目总体而言项目数过少，导致文中部分章节的分析结果与理论预期有所差距，这是难以避免的。此外，对于一些技术细节的处理，例如，出现缺失值时到底是直接剔除还是采用缺失值补漏的方法，这是一个争议较大的问题。直接剔除损失了样本信息，而选择缺失补漏的方法在样本量较小的情况下难以获得正确的样本分布信息，因而补漏的准确性存疑，因而并没有两全其美的方法，这当然也是本书的不足之处。

第二节 "一带一路"沿线国家 PPP 项目的发展前景展望

一 "一带一路"沿线国家 PPP 项目面临的机遇与挑战

从全球的经验看，PPP 是一种较佳的项目安排形式，PPP 模式最大的意义不仅在于弥补资金缺口，更在于提升公共产品管理的效率和资本配置的效率，特别是在基础建设领域投资，有助于提升公共产品管理和资本配置效率。

PPP 模式作为一种鼓励私人资本参与公共基础设施投资的重要方式，综合来看有如下优势：（1）解决基础设施建设的融资缺口问题，缓解政府的财政压力；（2）PPP 模式的项目管理方式有利于减少项目的腐败与寻租问题。PPP 模式通过设立 SPV（Special Purpose Vehicle）来管理项目的设计、建设、融资与运营整个过程，能够减少各部门之间由于信息不对称导致的权力腐败与寻租问题，有利于提升项目的质量与效率水平①；（3）私人部门的加入有利于提升项目的效率水平。私人部门比传统部门具有更高的管理效率与技术水平，私人部门的加入对于项目的效率改善具有推动作用。本书对于"知识转移"效应的分析对此作了一个较为详细的阐述；（4）在大部分 PPP 合约中，政府同时作为监管者与参与者的双重身份，有政府层面的背书，这样减弱了私人部门面临的政治风险与市场风险。总体而言，一个有效而完善的 PPP 合约能够起到缓解政府预算、鼓励私人进入、优化风险配置、减轻权力腐败与寻租的作用。

从 2019 年《"一带一路"基础设施发展指数报告》来看，2019 年"一带一路"沿线国家基础设施的发展需求指数为 132，略低于上一年度（2018 年为 130），② 但考虑到沿线国家基础设施发展水平普遍较低，③ 未来仍具有较大的发展潜力。分行业来看，交通运输与能源行业的发展需求仍处于主导地位；分区域来看，南亚、中亚与东南亚是发展需求较高的区域，2019 年发展需求指数分别为 137、131、128，西亚北非及中东欧为发展需求较低的区域，相应的发展需求指数分别为 110、104。

另据亚洲开发银行的预测，从 2016 年到 2030 年，亚洲基础设施资金缺口为 26 万亿美元，年均资金缺口 1.7 万亿美元。一方面是稳中有升的基础设施需求，另一方面是基础设施建设面临的巨大的资金缺口，PPP 这一创新模式为基础设施建设的融资提供了可行的路径。

但是，由于"一带一路"倡议涉及多个国家，不同国家在政治制度、宗教文化方面存在较大的差异性，不同体制的国家在项目流程的协调上可能会存在障碍，沿线使得 PPP 项目的开展面临一系列风险，

---

① 张鹏飞、黄烨菁：《中国企业参与"一带一路"基础设施建设 PPP 合作模式的影响因素研究——以亚洲发展中国家为合作对象的分析》，《新金融》2019 年第 1 期。

② 发展需求指数用来反映一国基础设施行业相对需求与绝对需求总和，指数越高，表明一国基础设施投资需求和市场潜力越大。其中，相对需求指在当前收入水平条件下，为满足消费与生产所需的基础设施需求，绝对需求指一国达到最优社会服务水平的基础设施投资需求。

③ 根据世界经济论坛《全球竞争力报告 2019》，"一带一路"沿线国家在交通基础设施得分为 50.8，处于较低水平，在信息通信技术基础设施方面多数国家得分低于 70，全球排名低于 30 位。

第七章　本书的研究结论与 PPP 项目的发展前景展望 | 157

对 PPP 模式在"一带一路"沿线国家的推行形成挑战。

本书在第三章第四节总结了"一带一路"沿线国家 PPP 项目存在的问题,包括投资不确定性大、私人所有权份额高、多边金融机构支持有限、政治风险与法律风险始终存在等问题,除此之外,"一带一路"沿线国家推进 PPP 模式面临的风险还包括:

政策风险。政策风险主要指法律法规、规章与规范性文件的修订或变更对项目产生的不利风险。政策风险可以分为监管风险、法律变更风险与公共政策变更风险三种。监管风险主要指由于 PPP 的立法不完善、执行力较差造成的风险与冲突。公共政策变更风险则指有关公共基础设施监管政策的变更引起的风险。例如,有关公共基础设施的土地、环保标准的法律法规的变更引起的风险。

金融风险。金融风险一般包括汇率风险、利率风险、与通货膨胀风险等三类风险。汇率风险指未来的经营活动中现金流的本币价值由于汇率的变动造成损失的可能性。金融市场利率的变动会引起 PPP 项目贷款成本的变化,不断波动的利率水平会造成融资成本增加的风险。通货膨胀风险（价格风险）是指由于物价上升造成货币的购买力下降导致的成本上升的风险,严重的通货膨胀风险可能会导致净现值为正的项目无法盈利,已经事先确定的产品或服务价格无法维持项目的正常运转。

市场风险。市场风险一般分为市场需求风险与收益风险两类。市场需求风险指由于宏观经济、社会发展、法律法规调整、人口规模变化等因素的变化对 PPP 项目的需求产生变化,导致市场预测与实际需求产生差异带来的风险。以高速公路项目 PPP 为例,高速公路 PPP 项目的主要特征是存在巨大的外部需求风险,并且基于未来的经济增长率对该风险的预测往往是不可靠的,需求增长率 1%—2% 的预测误差会对项目回报产生巨大的影响,因而考虑到外生需求的不确定性,会导致需求风险的产生。[1]

---

[1] ［智］爱德华多·恩格尔、［智］罗纳德·费希尔、［智］亚历山大·加莱托维奇:《政府与社会资本合作模式经济学：基本指南》,邱立成等译,机械工业出版社 2017 年版,第 64 页。

信用风险。信用风险体现为两个方面，一是在 PPP 项目的实施中存在的政府信用风险，表现为政府未按照合同的规定履行相应的责任或义务，延期或未按时支付项目费用，产生政府信用风险；另一方面，政府在"一带一路"建设中无法做到互惠互利，无法为参与的企业提供良好的外部环境，也是政府信用风险的表现形式。

融资与建设风险。融资风险一般体现在由于融资结构不合理与金融市场的不健全而导致的风险，一般表现为融资困难，例如在规定期限内未能完成融资或融资成本过高导致的项目违约或失败的风险。

管理风险。"一带一路"建设的 PPP 项目具有覆盖范围广、资金需求大、建设周期长的特点，因而在项目的建设过程中相关部门的监督对于项目利益的保障有重要作用。但是在较长的建设与运营周期中，难以避免诸如管理制度不健全、管理人员决策失误及管理成本超支等风险，在跨国的 PPP 项目中则更为严重。

二　中国参与"一带一路"沿线国家 PPP 项目的政策建议

从国际经验来看，PPP 项目成功的关键要素包括：（1）完善的法律法规与制度安排，良好的投资环境与政治承诺的一致性。本书第四章至第六章的相关研究表明，良好的制度环境能够显著减少 PPP 项目的成本，提升效率；（2）PPP 项目的选择适当且项目的规定（如项目的产出、质量等指标）符合明确、高效的标准；（3）成立专门的部门管理 PPP 项目，前面已经提到，一般是通过成立 SPV 来实现项目全流程的管理工作。SPV 的全流程管理能够减少部门间的信息不对称，减少腐败与寻租；（4）政府的支持。政府的支持可以帮助私人部门减轻市场风险与政治风险；（5）制定完善的 PPP 项目合同。完善的 PPP 合同能够合理分担私人部门的风险，提升项目全生命周期的效率。例如，针对高速公路建设项目的固定期限合同难以实现需求风险的最优分担问题，Engel 等[1]提出了可以通过一种相当直观的 LPVR（least present value of revenues，即最小收益现值）拍卖机制来解决；

---

[1] ［智］爱德华多·恩格尔、［智］罗纳德·费希尔、［智］亚历山大·加莱托维奇：《政府与社会资本合作模式经济学：基本指南》，邱立成等译，机械工业出版社 2017 年版，第 64 页。

（6）拥有较为成熟的金融市场，这样能够方便项目的融资，本书的研究表明，多边机构的金融支持能够显著提升 PPP 的效率水平。

"一带一路"沿线多为发展中国家，在政治体制、经济发展、法律法规、历史文化、人口规模等方面存在较大的差异性，中国作为"一带一路"倡议的提出者，在 PPP 项目的实施过程中面临着巨大的市场机遇与风险挑战。为更好地服务"一带一路"沿线国家的基础设施建设，提升 PPP 项目的质量与效率，结合本书的研究与当前面临的风险与挑战，本书从政府与企业两个方面提出政策建议。

一是要继续发挥东亚的政策投资引领作用，营造良好的 PPP 投资环境。东亚与南亚是 PPP 的主要实施区域，东亚区域在 PPP 的效率方面领先其他区域，要通过 PPP 鼓励政策发挥引领带动作用，表 7-1 列示了东亚主要国家的相关政策。同时，为营造良好的投资环境，我国已经与"一带一路"57 个沿线国家签订了双边投资协定，双边投资协定相较于多边协定而言，灵活性高、更加实用，有利于保护、鼓励国际投资，并且减弱中国企业对外经营的政治风险与法律风险。[①]

表 7-1　　　　　　　　东亚国家 PPP 鼓励政策列表

国家	相关政策
中国	《关于推进开发性金融支持政府和社会资本合作有关工作的通知》规定符合条件的 PPP 项目，贷款期限最长可达 30 年，贷款利率可适当优惠等；《基础设施和公用事业特许经营管理办法》提出在基础设施和公用事业领域开展特许经营，境内外法人均可参与投资运营基础设施并获得收益[②]
印度尼西亚	将鼓励 PPP 模式作为 2015—2020 五年计划的一部分，针对基础设施项目免税额与免税期与与制造业类似
马来西亚	1986 年《投资促进法》规定了基础设施项目免税额、工业建筑物免税额及印花税减免等条例
菲律宾	成立 PPP 中心，负责组织与管理 PPP 项目

---

① 徐哲潇、杜国臣：《以 PPP 模式推动"一带一路"建设的思考》，《国际经济合作》2018 年第 10 期。

② 参见路透中文网《背景资料：中国 PPP 模式发展政策背景一览》，2015 年 4 月 27 日，https：//cn.reuters.com/article/factbox-china-ppp-idCNKBS0NI0L520150427，2020 年 1 月 20 日。

续表

国家	相关政策
越南	《公私合作条例》规定基础设施建设适用所得税优惠政策
泰国	通过投资特权吸引投资

资料来源：根据何杨和陈宇及路透中文网相关资料整理得到，参见何杨、陈宇《"一带一路"沿线国家基础设施投资 PPP 模式鼓励政策的比较研究》，《财政科学》2017 年第 6 期。

二是要推动"一带一路"沿线国家的制度建设。PPP 项目成功的首要条件是完善的法律法规与制度安排，推动"一带一路"沿线国家的制度建设是 PPP 项目成功的重要环节。为解决这一问题，目前来看有三条路径。第一条路径是基于我国 PPP 项目经验的对外 PPP 的建设。我国在 PPP 的组织方式与支持性的商事制度建设上具有丰富的经验，可以通过技术援助、示范项目展示等方式向东道国输出我国 PPP 项目的经验，[1]加深东道国对于 PPP 项目组织形式的理解，便于在当地开展 PPP 项目；第二条路径是以中国为主导，建立多边协调机制。"一带一路"沿线国家在政治体制与宗教文化方面存在差异性，通过建立有效的多边协调机制来协调各国的发展是必要的，协调机制的建立，一方面能够减少跨文化带来的不必要的纠纷，节省资金与时间成本，另一方面能够增强资本在区域内的流动性，优化资本在"一带一路"沿线国家乃至全球的配置；第三条路径是提前做好尽职调查。政府应定期对东道国的政治、经济、法律的状况进行评估，与企业一道做好资源、技术等方面的尽职调查，提前做好风险准备的估计。

三是通过多边金融机构的设立与人民币国际化进程的加速，减弱融资风险与汇率风险，提升 PPP 建设与运营的效率。亚洲基础设施投资银行（亚投行）、丝路基金的成立，为"一带一路"沿线国家的企业进行 PPP 项目的建设提供了资金的保障，有利于减轻企业的融资风险，加快"资金融通"的进程。同时，人民币国际化的推进有利于

---

[1] 张鹏飞、黄烨菁：《中国企业参与"一带一路"基础设施建设 PPP 合作模式的影响因素研究—以亚洲发展中国家为合作对象的分析》，《新金融》2019 年第 1 期。

"一带一路"沿线国家人民币支付的普及,减少因汇率变动产生的汇率风险。

四是建立分行业、分区域的 PPP 项目库,推动各行业各区域 PPP 项目均衡发展。从世界银行 PPI 数据库来看,"一带一路"沿线国家 PPP 项目主要集中在能源行业与交通运输行业,水处理行业及信息与通信技术行业则相对较少,同时,DEA-Malmquist 指数的测算结果表明,东亚、欧洲及南亚效率改善较为明显,而中亚及中东与北非在多个行业面临效率衰退的情况,区域差异性明显。因而,从投资的角度看,应该合理分配在各行业的 PPP 投资,通过建立分行业、分区域的项目库,为投资提供决策咨询支持,合理配置资源,推动 PPP 均衡发展。

五是逐步推进 PPP 项目的资产证券化,形成便利的私人参与及退出机制。资产证券化一般指将缺乏流动性的资产转化为可以在金融市场上自由买卖的证券的行为,代表了一种将风险由发起人转移到投资者的另类的、多样化的投资渠道。[①] PPP 项目资产证券化在盘活存量资产、优化资本结构、提高资产流动性方面发挥着重要作用。我国于 2016 年正式启动了 PPP 项目资产证券化的进程,2016 年 12 月,国家发改委与中国证监会联合发布《关于推进传统基础设施领域政府和社会资本合作(PPP)项目资产证券化相关工作的通知》,标志着我国 PPP 项目资产证券化正式起步。在 PPP 的建设过程中,可以考虑逐步将建设期 PPP 项目、政府付费型 PPP 项目资产证券化,逐步积累经验,并通过多边金融机构的助力向"一带一路"沿线国家推广,形成便利的私人参与及退出机制。

六是规范 PPP 的流程管理,建立风险防御体系。对于 PPP 项目的参与方而言,完善的 PPP 项目流程管理能够减少信息不对称,降低交易成本。完善的项目风险管理流程的建立首先要考虑 PPP 项目的类型,特别是对于不同的行业而言,选择的 PPP 模式会有所差异性,要根据行业特征建立 PPP 项目的风险管理流程,该流程一般包括风险识

---

① 吉富星:《PPP 模式的理论与政策》,中国财政经济出版社 2017 年版,第 166 页。

别、风险评估、风险监控与控制。此外，要建立规范的 PPP 项目流程，还需要 PPP 合约签订流程的规范化。通常而言，PPP 合约包括项目合约、保险合约、融资合约、履行合约及股东协议等，规范的合约方便明确参与方的权利与义务。这样，通过 PPP 合约本身的规范化与 PPP 项目风险管理流程的规范化，能够有效减少 PPP 的建设风险与管理风险。

第三节　本章小结

这是本书的最后一章，旨在总结前面章节的基本内容并对"一带一路"沿线国家 PPP 项目的发展前景进行展望。本章首先回顾了前面核心章节（第三章至第六章）的研究内容与研究结论，并从宏观与微观两个层面总结了本书的研究结论。随后，从"一带一路"沿线国家 PPP 项目的机遇与挑战及中国参与 PPP 的政策建议两方面对 PPP 项目存在的问题（风险）及应对思路进行了展望。针对目前 PPP 面临的挑战，本书给出了包括"发挥东亚政策投资引领作用"在内的六条政策建议。

参考文献

爱德华多·恩格尔、罗纳德·费希尔、亚历山大·加莱托维奇：《政府与社会资本合作模式经济学：基本指南》，邱立成等译，机械工业出版社 2017 年版。

安晓明：《我国"一带一路"研究脉络与进展》，《区域经济评论》2016 年第 2 期。

财政部国际司：《从国际经验看成功实施 PPP 项目的关键因素》，《中国财政》2014 年第 15 期。

陈磊、葛永波：《社会资本与农村家庭金融资产选择：基于金融排斥视角》，人民出版社 2019 年第 1 版。

蔡东方：《PPP 对基础设施效率的促进作用研究——基于"一带一路"沿线国家的实证检验》，《技术经济与管理研究》2019 年第 7 期。

蔡东方、孔淑红：《融资激励和融资约束对 PPP 模式下公共产品提供效率的影响——基于不完全契约理论的一般均衡分析》，《技术经济》2017 年第 9 期。

曾福生、郭珍、高鸣：《中国农业基础设施投资效率及其收敛性分析——基于资源约束视角下的实证研究》，《管理世界》2014 年第 8 期。

查云璐、李博、高廷璧：《PPP 项目股权融资效率评价——基于 DEA 模型的分析》，《金融会计》2017 年第 6 期。

常雅楠、王松江：《激励视角下的 PPP 项目利益分配——以亚投行支撑中国企业投资 GMS 国家基础设施项目为例》，《管理评论》2018 年第 11 期。

陈明宝、陈平：《国际公共产品供给视角下"一带一路"的合作机制构建》，《广东社会科学》2015年第5期。

陈强：《高级计量经济学及Stata应用》，高等教育出版社2014年第2版。

成刚：《数据包络分析方法与MaxDEA软件》，知识产权出版社2014年版。

达霖·格里姆塞、莫文·K.刘易斯：《PPP革命：公共服务中的政府和社会资本合作》，济邦咨询公司译，中国人民大学出版社2016年版。

戴露瑶：《我国物有所值定量评价方法有效性检验——基于北京地铁四号线的研究》，《时代金融》2017年第12期。

邓忠奇、陈甬军：《"一带一路"背景下融资方公私合营模式的资本结构分析》，《产业经济研究》2018年第3期。

董纪昌：《物有所值定量评价方法及改进方向》，《中国政府采购》2016年第7期。

冯珂、王守清、伍迪、赵丽坤：《基于案例的中国PPP项目特许权协议动态调节措施的研究》，《工程管理学报》2015年第3期。

傅晓霞、吴利学：《前沿分析方法在中国经济增长核算中的适用性》，《世界经济》2007年第7期。

高华、侯晓轩：《PPP物有所值评价中折现率的选择——基于STPR法与CAPM模型》，《财会月刊》2018年第8期。

郭菲菲、黄承锋：《PPP模式存在的问题及对策——基于"一带一路"沿线国家的分析》，《重庆交通大学学报（社会科学版）》2016年第5期。

郭威、郑子龙：《专有技术转让、融资成本差异与PPP最优股权架构：来自发展中国家的实证研究》，《世界经济研究》2018年第12期。

何杨、陈宇：《"一带一路"沿线国家基础设施投资PPP模式鼓励政策的比较研究》，《财政科学》2017年第6期。

何颖、李思然：《新公共管理理论方法论评析》，《中国行政管理》2014 年第 11 期。

胡必亮、唐幸、殷琳、刘倩：《新兴市场国家的综合测度与发展前景》，《中国社会科学》2018 年第 10 期。

黄河：《公共产品视角下的"一带一路"》，《世界经济与政治》2015 年第 6 期。

黄小勇：《新公共管理理论及其借鉴意义》，《中共中央党校学报》2004 年第 3 期。

吉富星：《PPP 模式的理论与政策》，中国财政经济出版社 2017 年版。

吉富星：《不完全契约框架下 PPP 项目效率困境与规范创新研究》，《当代财经》2018 年第 4 期。

姜爱华：《政府采购"物有所值"制度目标的含义及实现——基于理论与实践的考察》，《财政研究》2014 年第 8 期。

蒋殿春：《高级微观经济学（第二版）》，北京大学出版社 2017 年第 2 版。

赖丹馨、费方域：《不完全合同框架下公私合作制的创新激励——基于公共服务供给的社会福利创新条件分析》，《财经研究》2009 年第 8 期。

赖丹馨、费方域：《公私合作制（PPP）的效率：一个综述》，《经济学家》2010 年第 7 期。

蓝志勇、陈国权：《当代西方公共管理前沿理论述评》，《公共管理学报》2007 年第 3 期。

李新、席艳乐：《国际公共产品供给问题研究评述》，《经济学动态》2011 年第 3 期。

李媛恒、石凌雁、李钰：《中国制造业全要素生产率增长的测度与比较》，《经济问题》2020 年第 3 期。

林晓言、王萌：《PPP 绩效评价 VfM 指标体系的中国化改进和应用》，《北京交通大学学报（社会科学版）》2019 年第 1 期。

刘浩、陈世金、陈超凡：《"一带一路"沿线国家基础设施 PPP 项目成效分析》，《国家行政学院学报》2018 年第 5 期。

刘穷志、芦越：《制度质量、经济环境与 PPP 项目的效率——以中国的水务基础设施 PPP 项目为例》，《经济与管理》2016 年第 6 期。

刘穷志、庞泓：《基础设施项目建设风险与价值评估：VfM 方法的改进及应用》，《财贸研究》2016 年第 2 期。

刘穷志、彭彦辰：《中国 PPP 项目投资效率及决定因素研究》，《财政研究》2017 年第 11 期。

刘卫东：《"一带一路"战略的科学内涵与科学问题》，《地理科学进展》2015 年第 5 期。

鲁晓东、连玉君：《中国工业企业全要素生产率估计：1999—2007》，《经济学（季刊）》2012 年第 2 期。

罗煜、王芳、陈熙：《制度质量和国际金融机构如何影响 PPP 项目的成效——基于"一带一路"46 国经验数据的研究》，《金融研究》2017 年第 4 期。

吕秋红、王晓东：《论 PPP 模式在菲律宾基础设施建设中的应用与启示》，《东南亚研究》2011 年第 4 期。

曼瑟尔·奥尔森：《集体行动的逻辑》，陈郁等译，上海人民出版社 1995 年版。

聂辉华：《契约理论的起源、发展和分歧》，《经济社会体制比较》2017 年第 1 期。

聂辉华、杨其静：《产权理论遭遇的挑战及其演变——基于 2000 年以来的最新文献》，《南开经济研究》2007 年第 4 期。

萨瓦斯：《民营化与公私部门的合作关系》，周志忍等译，中国人民大学出版社 2002 年版。

沈梦溪：《国家风险、多边金融机构支持与 PPP 项目融资的资本结构——基于"一带一路"PPP 项目数据的实证分析》，《经济与管理研究》2016 年第 11 期。

石静霞：《"一带一路"倡议与国际法——基于国际公共产品供给视角的分析》，《中国社会科学》2021 年第 1 期。

时秀梅、孙梁：《"一带一路"中私人部门参与 PPP 项目的影响因素研究》，《财经问题研究》2017 年第 5 期。

唐祥来：《公共产品供给的"第四条道路"——PPP模式研究》，《经济经纬》2006年第1期。

唐祥来：《公共产品供给模式之比较》，《山东经济》2009年第1期。

唐祥来、刘晓慧：《供给侧改革下中国PPP模式供给效率的DEA检验》，《南京财经大学学报》2016年第4期。

王桂花、彭建宇：《制度供给视角下PPP模式风险分担博弈研究》，《经济问题》2017年第10期。

王灏：《PPP的定义和分类研究》，《都市快轨交通》2004年第5期。

王俊豪、付金存：《公私合作制的本质特征与中国城市公用事业的政策选择》，《中国工业经济》2014年第7期。

王磊：《公共产品供给主体选择与变迁的制度经济学分析——一个理论分析框架及在中国的应用》，博士学位论文，山东大学，2008年。

王莲乔、马汉阳、孙大鑫、俞炳俊：《PPP项目财务风险：融资结构和宏观环境的联合调节效应》，《系统管理学报》2018年第1期。

王守清、柯永健：《特许经营项目融资（BOT、PFI和PPP）》，清华大学出版社2008年版。

魏下海、余玲铮：《中国全要素生产率变动的再测算与适用性研究——基于数据包络分析与随机前沿分析方法的比较》，《华中农业大学学报（社会科学版）》2011年第3期。

徐霞、郑志林：《公私合作制（PPP）模式下的利益分配问题探讨》，《城市发展研究》2009年第3期。

徐哲潇、杜国臣：《以PPP模式推动"一带一路"建设的思考》，《国际经济合作》2018年第10期。

杨丽花、王喆：《私人资本参与PPP项目的影响因素分析——基于亚投行背景下的经验分析》，《亚太经济》2018年第11期。

杨其静：《从完全合同理论到不完全合同理论》，《教学与研究》2003年第7期。

杨瑞龙、聂辉华：《不完全契约理论：一个综述》，《经济研究》

2006 年第 2 期。

姚东旻、李军林：《条件满足下的效率差异：PPP 模式与传统模式比较》，《改革》2015 年第 2 期。

叶晓甦、徐春梅：《我国公共项目公私合作（PPP）模式研究述评》，《软科学》2013 年第 6 期。

袁竞峰、王帆、李启明、邓小鹏：《基础设施 PPP 项目的 VfM 评估方法研究及应用》，《现代管理科学》2012 年第 1 期。

张海星：《基于 DEA 方法的政府基础设施投资效率评价》，《宁夏社会科学》2014 年第 4 期。

张鹏飞、黄烨菁：《中国企业参与"一带一路"基础设施建设 PPP 合作模式的影响因素研究——以亚洲发展中国家为合作对象的分析》，《新金融》2019 年第 1 期。

张述存：《"一带一路"战略下优化中国对外直接投资布局的思路与对策》，《管理世界》2017 年第 4 期。

张羽、徐文龙、张晓芬：《不完全契约视角下的 PPP 效率影响因素分析》，《理论月刊》2012 年第 12 期。

张喆、贾明：《PPPs 合作中控制权配置实验》，《系统管理学报》2012 年第 2 期。

张喆、贾明、万迪昉：《PPP 背景下控制权配置及其对合作效率影响的模型研究》，《管理工程学学报》2009 年第 3 期。

张喆、贾明、万迪昉：《不完全契约及关系契约视角下的 PPP 最优控制权配置探讨》，《外国经济与管理》2007 年第 8 期。

赵景华、陈新明：《"一带一路"沿线国家 PPP 投资现状、经验及对我国的借鉴启示》，《国际贸易》2017 年第 9 期。

赵蜀蓉、杨科科、龙林岸：《"一带一路"基础设施建设中 PPP 模式面临的风险与对策研究》，《中国行政管理》2018 年第 11 期。

Aigner D., K. Lovell, and Schmidt L. P., "Formulation and Estimation of Stochastic Frontier Production Function Models", *Journal of Econometrics*, Vol. 6, No. 1, 1977.

Arrow K. J., Lind R. C., "Uncertainty and the Evaluation of Public

Investment Decisions" in Peter Diamond and Michael Rothschild, eds. *Uncertainty in Economics*, Academic Press: 1978.

Asian Development Bank, Asian Development Outlook (ADO) 2017 Update: Sustaining Development Through Public-Private Partnership, Asian Development Bank FLS179053-3, September 4, 2017.

Bajari, Patrick, Stephanie Houghton, and Steven Tadelis, "Bidding for incomplete contracts: An empirical analysis of adaptation costs", *American Economic Review*, Vol. 104, No. 4, 2014.

Banerjee S. G., Oetzel J. M., Ranganathan R., "Private Provision of Infrastructure in Emerging Markets: Do Institutions Matter?", *Development Policy Review*, Vol. 24, No. 2, 2006.

Banker R. D., Charnes A., Cooper W. W., "Some Models for Estimating Technical and Scale Inefficiencies in Data Envelopment Analysis", *Management Science*, Vol. 30, No. 9, 1984.

Bennett J., Iossa E., "Building and Managing Facilities for Public Services", *Journal of Public Economics*, Vol. 90, No. 10-11, 2006.

Besley T. J., Ghatak M., "Government Versus Private Ownership Of Public Goods", *Quarterly Journal of Economics*, Vol. 116, No. 4, 2001.

Bing L., Akintoye A., Edwards P. J., Hardcastle C., "The Allocation of Risk in PPP/PFI Construction Projects in the UK", *International Journal of Project Management*, Vol. 23, No. 1, 2005.

Bentz A., Grout P., Halonen M., *What Should Governments Buy from the Private Sector-Assets or Services?*, University of Bristol, April, 2005.

Brinkerhoff D. W., Brinkerhoff J. M., "Public-Private Partnerships: Perspectives on Purposes, Publicness, and Good Governance", *Public Administration and Development*, Vol. 31, No. 1, 2011.

Casady C. B., Eriksson K., Levitt R. E., et al., "(Re) defining Public - Private Partnerships (PPPs) in the New Public Governance (NPG) Paradigm: An Institutional Maturity Perspective", *Public Management Review*, Vol. 22, No. 2, 2020.

Charnes A., Cooper W. W., Rhodes E., "Measuring the Efficiency of Decision Making Units", *European Journal of Operational Research*, Vol. 2, No. 6, 1978.

Coase Ronald Harry, "The Nature of the Firm", *Economica*, Vol. 4, No. 16, 1937.

Daniels R., Trebilcock M., "Private Provision of Public Infrastructure: An Organizational Analysis of the Next Privatization Frontier", *University of Toronto Law Journal*, Vol. 46, No. 3, 1996.

De Bettignies J. E., Ross T. W., "The Economics of Public-Private Partnerships", *Canadian Public Policy/Analyse de Politiques*, Vol. XXX, No. 2, 2004.

Demirag I., Dubnick M., Khadaroo M. I., "A Framework for Examining Accountability and Value for Money in the UK's Private Finance Initiative", *Journal of Corporate Citizenship*, Vol. 15, 2004.

Deng Z., Song S., Chen Y., "Private Participation in Infrastructure Project and Its Impact on the Project Cost", *China Economic Review*, Vol. 39, 2016.

Dewatripont M., Legros P., "Public-Private Partnerships: Contract Design and Risk Transfer", Europe Investment Bank papers, Vol. 10, No. 1, 2005.

Emirullah, Chandra, and Muhammad Azam. "Examining Public Private Partnerships in ASEAN Countries: The Role of Investment Climate", *Theoretical and Applied Economics*, Vol. 21, No. 2, 2014.

Engel, Eduardo MRA, Ronald D. Fischer, and Alexander Galetovic, "Least-Present-Value-of-Revenue Auctions and Highway Franchising", *Journal of Political Economy*, Vol. 109, No. 5, 2001.

Engel, Eduardo, Ronald Fischer, and Alexander Galetovic, "The Basic Public Finance of Public-Private Partnerships", *Journal of the European Economic Association*, Vol. 11, No. 1, 2013.

Estache A., Serebrisky T., "Where Do We Stand on Transport Infrastructure Deregulation and Public-Private Partnership?", World Bank Policy Research Working Paper, No. 3356, 2004.

European Investment Bank, *The EIB's Role in Public-Private Partnerships*, European Investment Bank, July 15, 2004.

Farrell M. J., "The Measurement of Productive Efficiency", *Journal of the Royal Statistical Society*, Vol. 120, No. 3, 1957.

Färe R., Grosskopf S., Lindgren B., Roos P., "Productivity Changes in Swedish Pharmacies 1980 - 1989: A Non-parametric Malmquist Approach", *Journal of Productivity Analysis*, Vol. 3, No. 1, 1992.

Francesconi M., Muthoo A., "Control Rights in Public-Private Partnerships", *Social Science Electronic Publishing*, Vol. 2, No. 1, 2006.

Färe R., Grosskopf S., Norris M., Zhang Z., "Productivity Growth, Technical Progress, and Efficiency Change in Industrialized Countries." *The American Economic Review*, Vol. 84, No. 1, 1994.

Galilea P., Medda F., "Does the Political and Economic Context Influence the Success of a Transport Project? An Analysis of Transport Public-private Partnerships", *Research in Transportation Economics*, Vol. 30, No. 1, 2010.

Greve C., G. Hodge., "Public-Private Partnerships: An International Performance Review", *Public Administration Review*, Vol. 67, No. 3, 2007.

Grossman S. J., Hart O. D., "The Costs and Benefits of Ownership: A Theory of Vertical and Lateral Integration", *Journal of Political Economy*, Vol. 94, No. 4, 1986.

Guasch J. L., *Granting and Renegotiating Infrastructure Concessions: Doing It Right*, World Bank Institute 28816, January, 2004.

Gurgun A. P., Touran A., "Public-Private Partnership Experience in the International Arena: Case of Turkey", *Journal of Management in Engineering*, 2014, Vol. 30, No. 6, 2004.

Hammami, M., Ruhashyankiko, F., Yehoue, E., "Determinants

of Public-Private Partnerships in Infrastructure" IMF Working Papers, No. 06/99, 2006.

Hart O., "Incomplete Contracts and Public Ownership: Remarks, and an Application to Public - private Partnerships", *The Economic Journal*, 2003, Vol. 113, No. 486, 2003.

Hart O., Moore J., "Property Rights and the Nature of the Firm", *Journal of Political Economy*, Vol. 98, No. 6, 1990.

Hart O., Shleifer A., Vishny R. W., "The Proper Scope of Government: Theory and an Application to Prisons", *The Quarterly Journal of Economics*, Vol. 112, No. 4, 1997.

Hood C., "A Public Management for All Seasons?", *Public Administration*, Vol. 69, No. 1, 1991.

Hoppe E. I., Schmitz P. W., "Public-Private Partnerships Versus Traditional Procurement: Innovation Incentives and Information Gathering", *The RAND Journal of Economics*, Vol. 44, No. 1, 2013.

International Monetary Fund, Public-Private Partnerships, Fiscal Affairs Department, March 12, 2004.

International Monetary Fund, Public - Private Partnerships, Government Guarantees, and Fiscal Risk, Fiscal Affairs Department HD2961. P83, 2006.

Iossa, Elisabetta, and David Martimort, "Corruption in PPPs, Incentives and Contract Incompleteness", *International Journal of Industrial Organization*, Vol. 44, 2016.

Iossa E., Martimort D., "Risk Allocation and the Costs and Benefits of Public - private Partnerships", *The RAND Journal of Economics*, Vol. 43, No. 3, 2012.

Iossa E., Martimort D., "The Simple Microeconomics of Public-Private Partnerships", *Journal of Public Economic Theory*, Vol. 17, No. 1, 2015.

Ismail K, Takim R, Nawawi A. H. "The evaluation criteria of Value for Money (VFM) of Public Private Partnership (PPP) bids", paper delivered to International Conference on Intelligent Building and Management., sponsored by UESTC, May 2-4, 2011.

Jensen M. C., Meckling W. H., "Theory of the Firm: Managerial Behavior, Agency Costs and Ownership Structure", *Journal of Financial Economics*, Vol. 3, No. 4, 1976.

Karpoff J. M., "Public Versus Private Initiative in Arctic Exploration: The Effects of Incentives and Organizational Structure", *Journal of Political Economy*, Vol. 109, No. 1, 2001.

Kaul I., Conceiçao P., Le Goulven K., et al., "Why Do Global Public Goods Matter Today" in Kaul I., Conceiçao P., Le Goulven K., Mendoza R. U., eds., *Providing Global Public Goods: Managing Globalization*, Oxford, UK: Oxford University Press, 2003.

Kaul I., Grunberg I., Stern M. A., "Defining Global Public Goods", in Kaul I., Grunberg I., Stern M. A. eds., *Global Public Goods: International Cooperation in the 21st Century*, Oxford, UK: Oxford University Press, 1999.

Kaul M., "The New Public Administration: Management Innovations in Government", *Public Administration and Development: The International Journal of Management Research and Practice*, Vol. 17, No. 1, 1997.

Klaus Schwab, *The Global Competitiveness Report* 2019, World Economic Forum, October 8, 2019.

Lee H, Kim K. "Traditional Procurement Versus Public-Private Partnership: A Comparison of Procurement Modalities Focusing on Bundling Contract Effects", Asian Development Bank Economics Working Paper Series, No. 560, 2018.

Martimort D., Pouyet J., "To Build or Not to Build: Normative and Positive Theories of Public-private Partnerships", *International Journal of Industrial Organization*, Vol. 26, No. 2, 2008.

Maskin E., Tirole J., "Public-Private Partnerships and Government

Spending Limits", *International Journal of Industrial Organization*, 26 (2), Vol. 26, No. 2, 2008.

Medda F., "A Game Theory Approach for the Allocation of Risks in Transport Public Private Partnerships", *International Journal of Project Management*, Vol. 25, No. 3, 2007.

Moszoro, Marian, "Efficient Public-Private Capital Structures", *Annals of Public and Cooperative Economics*, Vol. 85, No. 1, 2014.

Moszoro M. W., Gasiorowski P., "Optimal Capital Structure of Public-Private Partnerships", IMF Working Paper, No. WP 08/1, 2008.

Panayides, Photis M., Francesco Parola, and Jasmine Siu Lee Lam, "The Effect of Institutional Factors on Public-Private Partnership Success in Ports", *Transportation Research Part A: Policy and Practice*, Vol. 71, 2015.

Percoco, Marco, "Quality of Institutions and Private Participation in Transport Infrastructure Investment: Evidence from Developing Countries", *Transportation Research Part A: Policy and Practice*, Vol. 70, 2014.

Samuelson P. A., "The Pure Theory of Public Expenditure", *The Review of Economics and Statistics*, Vol. 36, No. 4, 1954.

Sharma C., "Determinants of PPP in Infrastructure in Developing Economies", T*ransforming Government: People, Process and Policy*, Vol. 6, No. 2, 2012.

Spackman M., "Public-Private Partnerships: Lessons From the British Approach", *Economic Systems*, Vol. 26, No. 3, 2002.

Stephen H. Linder. "Coming to Terms with the Public-Private Partnership: A Grammar of Multiple Meanings", *American Behavioral Scientist*, Vol. 43, No. 1, 1999.

Stiglitz J. E., "Knowledge as a Global Public Goods", in Kaul I., Grunberg I., Stern M. A. eds., *Global Public Goods: International Cooperation in the 21st Century*, Oxford, UK: Oxford University Press, 1999.

The European Commission, *Guidance for Successful PPP*, European

Commission, March, 2003.

Tirole J., "Incomplete Contracts: Where do We Stand?", *Econometrica*, Vol. 67, No. 4, 1999.

Wanke P. F., Barros C. P., "Public-Private Partnerships and Scale Efficiency in Brazilian Ports: Evidence from Two-Stage DEA Analysis", *Socio-Economic Planning Sciences*, *MEMO*, No. 51, 2015.

Zofio J. L., "Malmquist Productivity Index Decompositions: A Unifying Framework", *Applied Economics*, Vol. 39, No. 18, 2007.